# THÉORIE DES ORGANISATIONS

Les topos

***Éco Gestion***

*Du tiers-monde aux tiers-mondes*, G. Burgel
*Économie de l'Union européenne*, B. Yvars
*Économie du travail*, G. Tchibozo
*Économie et gestion bancaires*, P.-C. Pupion
*Inflation, désinflation, déflation*, J.-F. Goux
*Introduction générale à la gestion*, F. Cocula
*La communication de crise*, T. Libaert
*La communication externe de l'entreprise*, M.-H. Westphalen
*La communication interne de l'entreprise*, N. d'Almeida, T. Libaert
*La gestion de production*, A. Gratacap
*La gestion des ressources humaines*, L. Cadin, F. Guérin
*La grande crise 1929-1939*, F. Cochet
*La monnaie*, S. Brana, M. Cazals
*La pensée économique classique 1776-1870*, J.-T. Ravix
*La pensée économique contemporaine*, B. Bernier
*La pensée économique de Keynes*, F. Poulon
*La pensée économique néoclassique*, H. Defalvard
*La politique économique conjoncturelle*, P. d'Arvisenet
*La politique fiscale dans les pays industrialisés*, C. Heckly
*La protection sociale*, P. Batifoulier, V. Touzé
*La publicité*, D. Caumont
*Le dollar*, M. Dupuy
*Le leadership américain*, É. Crémieu
*L'euro*, P. Kauffmann
*Les études de marché*, D. Caumont
*Les NPI asiatiques*, J.-F. Dufour
*Les marchés financiers internationaux*, A. Scannavino
*Les modèles appliqués de la macroéconomie*, A. Épaulard
*Les nouvelles approches de la croissance et du cycle*, É. Bosserelle
*Les transformations économiques en Europe de l'Est depuis 1989*, É. Magnin
*Management stratégique*, F. Leroy
*Mutations économiques et sociales en France depuis 1973*, C. Euzéby
*Population et société françaises*, N. Sztokman
*Théorie des organisations*, J.-M. Plane

Jean-Michel Plane

# THÉORIE DES ORGANISATIONS

2e édition

DUNOD

ISBN 2 10 007190 4

# Sommaire

## Chapitre 3
## Les théories managériales des organisations

## Chapitre 4
## Les approches sociologique et socio-économique des organisations

# Avant-propos

La théorie des organisations constitue un champ de connaissances fondamentales pour des étudiants de premier cycle qui suivent, pour l'essentiel, un cursus d'économie, de gestion ou de sciences sociales. Ce corpus de connaissances, constitué par un ensemble de théories, de concepts, de méthodes ou encore d'outils, est singulièrement disparate car les notions clés proviennent de disciplines différentes. En d'autres termes, les grilles d'analyse proposées dans ce livre introductif sont principalement issues de travaux de recherche en sciences économiques, en sociologie, psychologie, histoire ou encore en sciences de gestion. Le présent ouvrage s'efforce de rendre compte d'une telle richesse de la pensée et, malgré la diversité des approches, vise à exposer les grandes problématiques et les notions centrales de la théorie des organisations.

À partir de la seconde révolution industrielle, différentes approches de l'organisation se sont développées, chacune correspondant en réalité à une conception différente de l'action humaine organisée. Ces apports se rattachent à différents courants de pensée qui se sont constitués au fur et à mesure de l'évolution économique et sociale et du développement scientifique des différentes disciplines de rattachement. Ces écoles de pensée se différencient entre elles par la conception qu'elles ont des caractéristiques de l'organisation et de ses composantes. En ce sens, il n'existe pas une définition unifiée et synthétique de ce qu'est une organisation. Si aucune définition ne fait l'unanimité car l'organisation est un objet d'analyse dont se sont saisies plusieurs disciplines, il convient aussi d'ajouter les paradoxes et les ambiguïtés mis en évidence par les spécialistes. Une organisation apparaît ainsi comme une réponse structurée à l'action collective, un ensemble relativement contraignant pour les personnes et, simultanément, comme une construction collective dynamique favorisant l'accomplissement de projets communs. Elle peut aussi être appréhendée comme un lieu de réalisation de soi, d'accomplissement et d'épanouissement mais aussi comme un lieu conflictuel au sein duquel s'exercent souvent la domination et le pouvoir.

Cette approche par les différentes théories de l'organisation se veut avant tout pédagogique. Pour autant, il n'est pas envisageable de proposer une représentation globale et synthétique des entreprises et des organisations tant les regards disciplinaires sont différents et parfois étanches. Plutôt que de formuler une improbable synthèse, le parti pris retenu a été de chercher à suggérer une vue d'ensemble visant notamment à contextualiser chaque conception de l'organisation à partir du domaine scientifique de référence des auteurs ainsi que des périodes en question. L'ouvrage vise à éclairer la réalité organisationnelle à partir de quelques grandes expériences qui font encore aujourd'hui autorité et référence. Celles-ci aident le lecteur à ne pas perdre de vue que ces différentes approches s'inscrivent toutes dans une perspective d'action et de changement organisationnel. La portée opérationnelle des différentes théories et des concepts n'est pas occultée puisqu'elle constitue une des finalités poursuivies par de nombreux auteurs en quête de changement. Le but d'un tel ouvrage est finalement d'aider les étudiants à connaître différentes grilles de lecture et d'analyse en vue de les conduire à mieux appréhender des situations de gestion et de prise de décision au sein d'organisations confrontées à des problèmes de plus en plus complexes.

# Chapitre 1

## L'école classique de l'organisation

La société industrielle est née de découvertes techniques, de créations de richesses mais aussi d'un mouvement d'idées nouvelles qui se sont propagées progressivement dans les organisations. Au XIXe siècle, le lieu de création de richesses est symbolisé par l'usine considérée comme la principale source de valeur ajoutée. Le fonctionnement de l'usine et ses ateliers reposent sur une discipline particulière, une organisation rationnelle du travail, une manière spécifique de voir les relations sociales. Aujourd'hui, les organisations de notre société sont héritières de ces changements. L'une des évolutions les plus significatives au début du siècle est constituée par l'introduction du courant scientifique en matière d'organisation du travail. La science triomphe ainsi au début du siècle avec l'introduction dans les usines d'une volonté d'une gestion scientifique du travail, de calculs rationnels et d'une logique de rationalisation de la production. C'est dans un tel contexte que s'est développée l'école classique de l'organisation portée par un tel mouvement d'idées probablement influencé par les travaux d'économistes précurseurs. En effet, les économistes classiques ont proposé au cours du XIXe siècle des concepts utilisables en matière d'organisation des entreprises. Adam Smith (1776) a notamment introduit la nécessité d'une division du travail, David Ricardo (1817) préconise très tôt la spécialisation des tâches et Jean-Baptiste Say (1803) suggère d'inclure les activités de services dans les activités productives. Aujourd'hui, force est de reconnaître que la pensée économique classique a manifestement influencé le courant rationnel de la théorie des organisations, en particulier F.W. Taylor, H. Ford, H. Fayol ou encore M. Weber.

# I. F.W. TAYLOR ET LE TAYLORISME

## 1. Les fondements de la pensée de F.W. Taylor

Frederick Winslow Taylor, né en 1856, est mort en 1915. Taylor est d'une famille aisée. De graves ennuis de santé (une grande faiblesse des yeux) l'empêchent de continuer des études plus poussées. Il entre comme apprenti dans une usine et passe par tous les échelons professionnels par son ardeur au travail et son légendaire esprit méthodique. Il s'élève ainsi au rang de contremaître puis à celui d'ingénieur. Il effectuera une grande partie de sa carrière à la Midvale Steel Company puis exercera le métier de conseil en organisation. En 1893, il publie un mémoire technique sur les courroies, en 1906 un ouvrage sur la coupe des aciers. Il réfléchit en même temps à l'organisation du travail et notamment à la gestion de la production dans des ateliers industriels. Taylor publie en 1895 un mémoire sur les salaires aux pièces puis, en 1903 sur la direction des ateliers. Enfin, il écrit et publie en 1911 un ouvrage qui fera date, *Les Principes de la direction scientifique*. La méthode de direction scientifique prônée par Taylor implique une révolution complète de l'état d'esprit des directions d'entreprises et des ouvriers. Relisons Taylor :

> Dans son essence, le système de direction scientifique implique une révolution complète de l'état d'esprit des ouvriers, une révolution complète en ce qui concerne la façon dont ils envisagent leurs devoirs vis-à-vis de leurs employeurs. Le système implique également une révolution complète d'état d'esprit chez ceux qui sont du côté de la direction (p. 54).

Sur la problématique de l'organisation de la production, Taylor a la profonde conviction que les intérêts des dirigeants et des exécutants peuvent être convergents. La révolution d'état d'esprit qu'il propose suppose qu'au lieu

> de se disputer au sujet du partage de la valeur ajoutée et d'agir les uns vis-à-vis des autres en ennemis, patrons et ouvriers joignent leurs efforts pour augmenter l'importance de la valeur ajoutée (p. 55).

L'une des intentions les plus louables de Taylor à travers son œuvre est d'avoir recherché les conditions de compatibilité entre dirigeants et exécutants pour une plus grande prospérité et une paix sociale durable.

## 2. Les principes de la direction scientifique des entreprises

L'apport de Taylor fut de suggérer que si l'on est en mesure de maîtriser parfaitement un certain nombre de techniques et de règles sur les problèmes de l'administration du personnel (décomposition des tâches, définition du contenu d'un poste, capacité maximale de contrôle, etc.), alors les difficultés rencontrées dans la direction de larges groupes de travailleurs sont en grande partie résolues. Cela suppose une étude scientifique du travail, débouchant sur une Organisation scientifique du travail (OST). À partir de cette organisation de la production, Taylor a la profonde conviction que les intérêts des dirigeants et des exécutants peuvent être convergents. La révolution d'état d'esprit qu'il propose suppose que patrons et ouvriers joignent leurs efforts pour augmenter l'importance de la valeur ajoutée. Les quatre principes fondamentaux de la direction scientifique des entreprises selon l'auteur, sont les suivants :

> L'étude de toutes les connaissances traditionnelles, leur enregistrement, leur classement et la transformation de ces connaissances en lois scientifiques. La sélection scientifique des ouvriers et le perfectionnement de leurs qualités et connaissances. La mise en application de la science du travail par des ouvriers scientifiquement entraînés. La répartition presque égale du travail exécuté dans l'entreprise entre les ouvriers et les membres de la direction (p. 70).

En définitive, on peut synthétiser les apports fondamentaux de Taylor à partir de quatre principes d'organisation ayant une portée générale.

- **La division horizontale du travail**

Elle conduit à la parcellisation du travail, à la spécialisation des tâches, et à l'étude des temps d'exécution en vue de déterminer *the one best way*, la meilleure façon de faire.

- **La division verticale du travail**

Elle vise à distinguer strictement les exécutants des concepteurs du travail. Dans cette logique, cette approche a conduit à dissocier les « *cols bleus* » des « *cols blancs* » tel que l'on les a communément nommés en milieu industriel. Ce principe incite à *placer the right man on the right place*, la meilleure personne à la bonne place.

- **Un système de salaire au rendement**

Ce système fondé sur des primes de productivité au travail, cherche à développer la motivation de l'homme au travail. Outre une standardisation des tâches poussée à son maximum, Taylor souhaitait l'établissement du salaire à la pièce, censé constituer une motivation importante pour les ouvriers qu'il considérait comme des agents rationnels maximisant de manière consciente leurs gains monétaires.

- **Un système de contrôle du travail**

À partir de ce principe d'action, chaque geste de l'ouvrier exécutant est surveillé. Cela a conduit à mettre en place dans les usines des contremaîtres chargés de réaliser cette activité de contrôle.

Ces principes d'organisation du travail reposent fondamentalement sur l'idée qu'il est possible d'appliquer à l'activité humaine un raisonnement courant en science expérimentale puisqu'il s'agit d'observer, de classer les faits, de les analyser et d'en tirer des lois ayant une portée générale sur le savoir-faire ouvrier. Cette approche du travail humain constitue en réalité la force du système taylorien car le développement des connaissances et des techniques industrielles continue à se propager de cette manière. Par exemple, l'informatique ou la robotique reposent sur une analyse systématique de l'existant et une étude minutieuse des conditions d'application de nouvelles technologies. Pour autant, le taylorisme tel qu'il a été mis en application en milieu industriel a conduit à de nombreuses discussions notamment en ce qui concerne la conception de l'homme en situation de travail.

## 3. Les apports et les limites du modèle taylorien

Finalement, on peut considérer que l'un des plus grands mérites de Taylor est d'avoir cherché à concevoir, à travers l'étude scientifique du travail humain dans les organisations, un modèle d'organisation visant l'amélioration de la gestion de la production en vue de l'augmentation de la productivité. Il fut incontestablement le premier théoricien connu à avoir mis en place une méthode opérationnelle visant à accroître de manière significative le niveau de production des organisations. À propos de la contribution de Taylor à la transformation et à la modernisation des organisations, H. Savall (1974) note à juste titre que

> Taylor eut l'idée judicieuse de s'attaquer au gaspillage : de matières, de temps, de gestes [...] La principale conséquence positive à long terme a été que l'analyse du travail humain a facilité son transfert en travail machine (p. 28).

La rationalité scientifique constitue bien le paradigme du modèle taylorien. Le modèle d'organisation du travail qu'il préconise est rationnel puisque l'autorité s'exerce au travers de la science du travail. De plus, Taylor a recherché les conditions de compatibilité d'intérêts entre l'entreprise et les salariés se définissant en conséquence comme un humaniste à la recherche d'une paix sociale durable. Le dessein du modèle taylorien a bien conduit à l'augmentation à la fois de la productivité et à la rétribution au mérite des ouvriers.

Malgré les vives critiques dont elle a été l'objet au début du siècle, l'œuvre de Taylor a eu un impact considérable dans le développement de l'industrie. En France, la diffusion des méthodes tayloriennes de rationalisation du travail s'est largement opérée dans les entreprises industrielles. Les principes tayloriens restent de nos jours largement discutés et constituent toujours un élément central des débats sur les nouvelles formes d'organisation du travail. On peut encore observer aujourd'hui de très nombreuses formes de retaylorisation, notamment dans les activités de services.

Pour autant, la conception de Taylor de l'homme au travail repose sur une vision très appauvrie du potentiel humain. En effet, Taylor a cru que l'on peut rationaliser le travail en réduisant ou en supprimant l'initiative et l'autonomie au travail. Finalement, la principale critique que l'on peut aujourd'hui formuler aux fondements de la théorie taylorienne est que l'un des postulats implicite repose sur l'idée d'une dichotomie stricte entre le cerveau et les mains humaines.

## II. H. FORD ET LE FORDISME

### 1. L'état d'esprit et la méthode de H. Ford

Industriel américain au début du siècle, Henry Ford est né en 1863 et décède en 1947. Ford est devenu célèbre pour avoir introduit dans ses usines le travail à la chaîne en adaptant à l'automobile les principes de rationalisation de Taylor. En ce sens, il est un continuateur de Taylor : le travail une fois parcellisé peut être mécanisé par la chaîne. Cela conduit à faire un pas de plus dans la logique de contrôle strict du travail ouvrier.

Mais, c'est désormais la machine elle-même, à travers le déroulement de convoyeurs de pièces, qui dicte à l'homme son rythme de travail et de production. Le modèle industriel du XXe siècle s'est développé à partir du mode de production fordiste lequel a très largement contribué à l'accroissement de la croissance économique mondiale.

Fondamentalement, le but était de réduire, en les rationalisant, les temps opératoires élémentaires, grâce à une mécanisation poussée synchronisant les flux productifs. Un second principe organisait une stricte hiérarchie entre la conception, puis l'organisation de la production, enfin la vente, selon un principe de pilotage par l'amont : les marchandises produites en longue série et à bas coûts finissaient toujours par trouver preneur, même si leur qualité n'était pas nécessairement jugée excellente. Finalement, le mode de production fordiste s'est développé suivant l'esprit de la fameuse loi libérale des débouchés élaborée par J.-B. Say et suivant laquelle l'offre crée sa propre demande. Le mode de production fordiste vise bien la baisse des prix pour développer une consommation de masse. Si H. Ford fut souvent qualifié de visionnaire et qu'il a autant marqué le système productif mondial, c'est parce qu'il a su faire preuve d'innovation dans l'organisation de la production de masse tout en contribuant à l'élévation du pouvoir d'achat des ouvriers dans les entreprises industrielles.

## 2. Les principes du modèle fordiste

La notion de modèle fordiste d'organisation de la production s'est imposée du fait de son caractère pragmatique et innovant au début du siècle. On peut distinguer trois principales innovations apportées par Ford dans la construction automobile aux États-Unis.

- **Le travail à la chaîne**

Ford poursuit l'œuvre de Taylor en accentuant la division horizontale du travail. Cette parcellisation, facteur de déqualification du travail, se traduit pour l'ouvrier de base par une répétition sans fin des mêmes gestes. De plus, Ford introduit très vite dans ses usines la mécanisation. Alors que Taylor propose de rationaliser les outils et l'activité de travail, Ford a recours de plus en plus souvent à la machine. En substituant le capital au travail, il remplace progressivement le travail vivant par le travail mort. Au sein des unités de production, la circulation des pièces assurée par un convoyeur assure une production à flux continu. Le principe du travail à la chaîne repose sur l'idée que ce n'est plus l'ouvrier qui circule autour du produit qu'il fabrique mais le produit qui circule sur la ligne de montage devant une série d'ouvriers fixés à leur poste de travail. Cette mécanisation présente l'avantage de supprimer une grande partie du travail de manutention par la circulation automatique des pièces. Cela favorise aussi une gestion plus rigoureuse des stocks.

Finalement, le travail à la chaîne a conduit à déposséder l'ouvrier du contrôle du rythme de son travail car la chaîne dicte désormais la cadence à suivre.

- **Le principe de standardisation des biens de production**

Il s'agit de réaliser en milieu industriel une production de grandes séries grâce à des pièces interchangeables et standardisées. L'accroissement de la production par l'amélioration de la productivité conduit également à l'abaissement des coûts unitaires de production et donc à la réalisation d'économies d'échelle. Suivant, cette logique, la première voiture produite en grande série, la Ford T peut être commercialisée à un prix compétitif grâce à l'obtention d'économies d'échelle. Cela va conduire H. Ford à un célèbre adage suivant lequel *« tout le monde aura une voiture de la couleur qu'il souhaite, pourvu qu'elle soit noire »*.

- **Le principe du *five dollars a day***

À partir du 1er janvier 1914, Ford innove au niveau salarial en doublant quasiment les salaires de l'époque par l'instauration d'une rémunération journalière de cinq dollars par jour. Face à une certaine instabilité ouvrière dans les usines, il s'agit alors de fidéliser les travailleurs par un système de rémunération attractif pour l'époque. Le second objectif poursuivit par ce système de rémunération est de permettre aux ouvriers de pouvoir acquérir progressivement les voitures qu'ils produisent par l'élévation de leur pouvoir d'achat. Dans cette perspective, on peut dire que l'idée fondamentale de Ford est d'avoir cherché à associer la production de masse à une consommation de masse. En ce sens, les ouvriers Ford peuvent aussi être considérés comme des clients potentiels. C'est le développement de la production de masse associée à une consommation de masse qui a permis de créer les conditions de la croissance économique durant la majeure partie du XXe siècle.

## 3. Portée et limites du modèle fordiste de production

La logique du fordisme repose avant tout sur la recherche de l'augmentation de la productivité dans les unités de production. Cela se traduit concrètement par trois effets complémentaires : la baisse des prix de vente, la hausse des salaires et l'élévation des profits. Ce mécanisme a favorisé alors l'avènement d'une production de masse stimulée par le développement d'une consommation de masse. Le génie de Ford à l'époque est d'avoir eu cette vision, avant Keynes, de la nécessité d'agir sur le pouvoir d'achat de salariés au contrat de travail stable pour dynamiser l'économie nationale.

Il est important d'insister sur l'importance du rapport salarial qui est associé au fordisme. Dans beaucoup de pays, une forte conflictualité du travail aboutit en général à un compromis salarial sur un double niveau. Dans l'entreprise, les syndicats acceptent les prérogatives des directions en matière d'organisation, de technologie et de politique de produits, en contrepartie d'avantages financiers, portant soit sur le salaire direct soit sur les avantages sociaux. Au niveau du secteur industriel ou de la nation, la négociation de conventions collectives codifie les principes généraux d'évolution des salaires qui se diffusent ensuite au reste de l'économie, ne serait-ce que grâce au plein emploi qui prévaut à cette époque. En d'autres termes, le compromis salarial fordiste associe acceptation de la rationalisation, de la mécanisation de la production et l'institutionnalisation d'une formule salariale stable garantissant une progression du niveau de vie en relation avec la productivité.

Pour autant, la crise économique, révélée par les deux chocs pétroliers successifs de 1973 et de 1979, a mis en évidence l'incapacité du modèle fordiste de s'adapter aux nouvelles règles de l'environnement concurrentiel et à la donne mondiale émergente. Les entreprises ont progressivement cherché à développer l'automatisation et la robotisation pour accroître la productivité et éliminer les tâches les plus pénibles. L'impératif de compétitivité les a incités à baisser les coûts de production par le recours à une main d'œuvre peu qualifiée et à amorcer un mouvement de délocalisation vers des pays où les coûts salariaux sont plus faibles.

Cette logique fordienne de production de masse de biens standardisés et de recherche d'économies d'échelle ne correspondait déjà plus aux exigences des marchés dans les années 80. Les évolutions rapides de la demande de produits industriels, en volume et en variété et la réduction des délais de production ont parfois conduit à l'incapacité à suivre ces changements. Le poids excessif de la hiérarchie et la complexité des organisations ont entraîné des lourdeurs de gestion incompatibles avec les impératifs de réactivité au marché. Enfin, le modèle fordiste porte trop sur la baisse des coûts de production alors que dans le même temps apparaissent de nouvelles attentes chez les consommateurs en termes de qualité, sécurité, variété de l'offre et des prestations de services associées aux produits. Pour toutes ces raisons, une prise de conscience des limites de ce modèle d'organisation est apparue dans les années 80 face à l'adversité constituée par la nouvelle concurrence japonaise fondée sur d'autres principes organisationnels. Ces entreprises industrielles japonaises ont su résoudre le problème d'une production de masse de biens différenciés et de qualité à des coûts compétitifs et fortement décroissants. Elles ont montré à l'Occident qu'il était possible de produire en séries courtes, sans stocks intermédiaires avec des niveaux de qualité et de productivité élevés.

Au total, le succès d'entreprises comme Toyota par exemple repose sur quelques innovations en matière d'organisation mais aussi de structures internes. Celles-ci conduiront les occidentaux à adapter leur modèle de production en intégrant les fonctions recherche et développement, production et marketing. Ces évolutions industrielles conduiront aussi à un travail en groupe, fondé sur la gestion de projet et la mobilisation des compétences nécessitant des salariés plus qualifiés ainsi que la participation active des ouvriers à l'amélioration de la qualité et de la productivité.

Progressivement, l'industrie occidentale encouragera l'autonomie au sein d'équipes de travail, la responsabilité des salariés ainsi que la prise d'initiatives et de responsabilités dans le souci d'une plus grande flexibilité organisationnelle et d'une meilleure réactivité dans une perspective d'accroissement de leur compétitivité.

## III. H. FAYOL ET L'ADMINISTRATION INDUSTRIELLE

### 1. Les fondements de la pensée de H. Fayol

Ingénieur français, diplômé de l'École des Mines de Saint-Étienne, Henri Fayol est considéré comme le premier théoricien à s'être préoccupé de l'administration des entreprises et des problèmes de commandement. En ce sens, sa pensée est complémentaire à celle de Taylor puisqu'il analyse la nature de la fonction de direction dans les entreprises. Il formule ainsi une théorie complète à l'usage des dirigeants en se fondant sur sa propre expérience à la direction d'une compagnie minière.

Dans un ouvrage publié en 1916, *Administration industrielle et générale*, H. Fayol insiste sur la nécessité de faire évoluer la fonction de commandement dans les grandes entreprises et de développer les qualités de leadership. Il distingue cinq fonctions clés propres au management applicables selon lui à toute organisation. Ces cinq principes dits universels sont les suivants :

– prévoir et planifier, c'est-à-dire préparer de manière rationnelle l'avenir ;
– organiser, c'est-à-dire allouer différentes ressources indispensables au fonctionnement de l'entreprise : les matériaux, l'outillage, les capitaux et le personnel ;
– commander, c'est-à-dire tirer le meilleur parti possible des agents qui composent l'entreprise ;

– coordonner, c'est-à-dire synchroniser l'ensemble des actions de l'entreprise pour garantir cohérence et efficacité ;
– contrôler, ce qui revient à vérifier si tout se passe conformément au programme adopté, aux principes admis.

Ces principes d'administration et de commandement ont été édictés par H. Fayol car il est parti du constat que la très grande majorité des dirigeants de l'époque ont été formés dans les grandes écoles françaises d'ingénieurs. Les programmes et les cours sont alors exclusivement consacrés à l'étude des mathématiques et à des aspects techniques et algorithmiques. Il souhaite que l'administration, le commerce et la finance puissent être intégrés dans les programmes de formation des dirigeants.

## 2. Les concepts et les principes de commandement

H. Fayol est parti du constat qu'il n'existait pas en France de véritable *doctrine administrative* ce qui le conduit à formuler des propositions en vue d'élaborer une théorie de l'organisation qui puisse être utilisable par les dirigeants de grandes organisations.

Selon ces principes d'administration, une organisation élabore un plan stratégique et définit ses objectifs, met en place une structure adaptée à la réalisation de ses plans et progresse grâce au contrôle de l'activité. La finalité des travaux de H. Fayol est de montrer qu'un dirigeant peut obtenir les meilleures performances de son personnel par ses qualités de commandement des hommes et d'administration des choses. Dans cette optique, il formule onze principes généraux d'administration.

- **L'unité de commandement**

Chaque employé ne doit avoir qu'un seul chef et il ne peut donc pas exister de dualité de commandement.

- **La division du travail**

Ce principe implique une forte spécialisation des travailleurs pour être davantage productifs.

- **Le principe d'autorité**

Celle-ci est envisagée comme étant à la fois statutaire et personnelle, accompagnée des responsabilités correspondantes.

- **Le principe de discipline**

Cela correspond à l'obéissance, l'assiduité, les signes extérieurs de respect réalisés conformément aux conventions établies entre l'entreprise et ses salariés.

- **L'unité de direction**

Cela conduit à considérer qu'un seul leader et qu'un programme unique pour un ensemble d'opérations poursuivent le même but. Il s'agit d'une condition nécessaire à l'unité d'action, à la coordination et à la concentration des forces en vue d'une convergence d'effort.

- **L'autorité de la hiérarchie**

Selon H. Fayol, tout leader doit être capable d'assumer des responsabilités hiérarchiques, de répandre autour de lui le courage et de prendre des initiatives.

- **La clarté de la hiérarchie**

Il existe une chaîne hiérarchique qui est un cheminement imposé par le besoin d'une unité de commandement, il s'agit du principe d'administration hiérarchique.

- **Le sens de l'esprit de corps**

Pour l'auteur, il faut un réel talent pour coordonner les efforts, stimuler le zèle, utiliser la faculté de tous et récompenser le mérite sans troubler l'harmonie des relations.

- **Un système de rémunération équitable**

Les modes de rétribution doivent encourager la création de valeur et le sort du personnel.

- **Le principe d'équité**

La manière dont sont gérés les salariés doit susciter un sentiment de justice sociale.

- **La stabilité du personnel**

H. Fayol part du principe que les salariés des entreprises prospères doivent être stables. L'instabilité du personnel est envisagée comme la conséquence de dysfonctionnements sociaux.

Au total, les idées formulées par H. Fayol associent stratégie et théorie organisationnelle et montrent la nécessité de faire évoluer la fonction de commandement par le développement de qualités de leadership. En réalité, l'apport de Fayol, très en avance sur son temps, est considérable, car sa théorie anticipe, de manière inventive à l'époque, la plupart des analyses plus récentes de la pratique moderne du management des entreprises.

## 3. Les apports et les limites de l'administration industrielle

La pensée de H. Fayol est souvent associée à tord à celle de Taylor. Dans son livre, il consacre pourtant plusieurs pages à une discussion du système taylorien. Il critique en particulier la violation par Taylor du principe d'unité de commandement.

Selon lui, Taylor commet une erreur considérable en recommandant plusieurs autorités d'experts au-dessus des ouvriers et regrette l'abandon de l'ancienne méthode qui consiste à passer par le chef d'équipe. De plus, Fayol ne partageait pas l'idée d'une nécessité d'un contrôle étroit du travail. Au contraire, il estimait que rien ne valait l'organisation libre des équipes d'ouvriers et qu'il fallait leur laisser le choix de la méthode et de l'outillage. Il voyait même dans tout cela une salutaire *autosélection* des ouvriers et une source supplémentaire de bonne entente et d'émulation. L'histoire du management a probablement donné raison à Fayol. Pour autant, il est vraisemblable que Taylor et Fayol se complètent largement, l'un étudiant et organisant le travail depuis le poste de l'ouvrier, et l'autre faisant la même chose depuis le directeur général jusqu'à l'atelier de production. L'apport de Fayol est d'avoir introduit notamment la notion de prévoyance, c'est-à-dire la planification stricte, générale, autoritaire et contrôlée.

Au total, lorsqu'on relit les principes d'administration industrielle et générale, on mesure le remarquable modernisme dont il a su faire preuve en particulier par ses mises en garde contre l'excès de spécialisation et d'organisation du travail, ses appels à motiver par l'initiative et ses encouragements à la communication directe.

Finalement, l'œuvre de Fayol est encore riche d'enseignements pour le management, ne serait-ce que lorsqu'on considère qu'il avait vu juste de promouvoir une plus grande culture générale du gestionnaire et pour une moindre mathématisation dans la formation de ceux qu'il voyait alors comme des administrateurs. Dans le même esprit, la pensée dense et complexe d'un auteur comme Max Weber apporte des éclairages complémentaires pour le management.

## IV. M. WEBER ET LA RATIONALISATION DE L'ORGANISATION

### 1. L'œuvre de M. Weber

Sociologue allemand et juriste de formation, Max Weber fit ses études à l'Université de Berlin avant de devenir professeur d'économie politique. Il convient d'abord de savoir que les travaux de Weber n'ont été que très tardivement accessibles aux États-Unis et en France. Ainsi le premier texte publié par lui en Amérique est la traduction de *L'Éthique protestante et l'esprit du capitalisme*. Les textes de Weber sont très largement utilisés en sciences humaines et sociales. De manière générale, on peut considérer que *L'Éthique protestante et l'esprit du capitalisme*, publié en 1905, (ou encore *Le Savant et le Politique*) intéressent principalement les sociologues des organisations. C'est surtout *Économie et Société* (1922) qui concerne le champ du management.

À partir de cet ouvrage, il est le premier auteur à avoir analysé le rôle du leader dans une organisation et à examiner comment et pourquoi les individus réagissent à des formes diverses d'autorité. Par exemple, il est ainsi le premier auteur à utiliser le terme charisme dans son acception moderne caractérisant les qualités personnelles d'ascendant sur les autres que peut posséder un individu. En fait, on peut aujourd'hui affirmer que l'œuvre de Weber est considérable et qu'elle s'articule pour l'essentiel autour de trois grands axes.

Le premier est philosophique puisqu'il s'interroge sur le devenir d'une société européenne en proie aux éclatements idéologiques et à la montée de l'individualisme et de la rationalité. Il montre en ce sens les dangers de la rationalité croissante due à la capacité de calcul et pouvant conduire à limiter les capacités de créativité et d'innovation qui ne sont possibles, selon lui, que par des actes déviants et irrationnels. Le second axe concerne une théorie des sciences humaines à partir d'une étude des conditions scientifiques de la connaissance des faits humains. C'est à partir de là que Weber propose le recours à ses fameux *idéaux types* qui ne sont rien d'autre qu'une construction intellectuelle que le savant élabore « en accentuant par la pensée » des données et des faits du réel « mais dont on ne rencontre jamais d'équivalent dans l'empirie ». Pour Weber, la bureaucratie telle qu'il l'a décrit est par exemple un idéal type, un concept singulier dont le rôle et l'usage sont de mener, par comparaison entre idéal type et réalité, à la compréhension de situations réelles. Enfin, le troisième axe, et probablement le plus important chez Weber, c'est l'axe sociologique. En effet, Max Weber est aujourd'hui considéré par les sociologues comme le maître de la sociologie compréhensive. Il s'agit d'une sociologie qui cherche à comprendre la réalité sociale par la pénétration et l'interprétation des significations que les personnes donnent à leurs actes. « Il n'est pas nécessaire d'être César pour comprendre César », écrit-il dans *Économie et Société*.

## 2. Les fondements de l'autorité et du pouvoir dans les organisations

Le point de départ de l'apport de Weber à la théorie des organisations réside dans une analyse des formes d'administration au sens large du terme. Ces travaux s'intéressent à la manière dont les hommes gouvernent en particulier pour imposer une autorité et faire en sorte que la légitimité de celle-ci soit reconnue par tous. Selon Weber, on peut distinguer trois types d'autorités légitimes : l'autorité à caractère rationnel, de laquelle se rapproche le plus l'administration moderne, l'autorité traditionnelle et l'autorité à caractère charismatique.

- **L'autorité rationnelle ou légale**

Il considère cette forme d'autorité comme la forme dominante des sociétés modernes. Celle-ci repose sur un système de buts et de fonctions étudiés rationnellement, conçu pour maximiser la performance d'une organisation et mis à exécution par certaines règles et procédures. L'essentiel des décisions et des dispositions est écrit. C'est la fonction ici plutôt que l'individu qui est investi de l'autorité. Ce système impersonnel correspond pour Weber à la bureaucratie qui est pour lui la forme d'administration des choses la plus efficace car elle ne tient pas compte des qualités personnelles des individus.

- **L'autorité traditionnelle**

Celle-ci est davantage liée à la personne qu'à la fonction en particulier au sein des entreprises familiales. Le nouveau leader se voit confier son mandat par son prédécesseur. Ce concept de tradition peut également se trouver dans les cultures de certaines entreprises où l'attitude dominante consiste à dire « *nous avons toujours fait comme cela* ». Cette forme d'autorité repose ainsi sur l'adhésion au bien-fondé de dispositions transmises par le temps. L'obéissance est fondée sur une relation personnalisée et le droit est un droit coutumier.

- **L'autorité charismatique**

Celle-ci repose sur les qualités personnelles d'un individu et ne peut se transmettre car elle tient exclusivement à sa personnalité. Il s'agit d'une relation de prophète à adeptes qui implique la révélation d'un héros et sa vénération. Cependant, celle-ci est assez instable car si le détenteur du pouvoir est abandonné par la grâce, son autorité s'effrite. Le groupe fonctionne ainsi comme une communauté émotionnelle.

Pour comprendre cette typologie de l'autorité et de sa légitimité à l'exercer, il convient de ne pas perdre de vue que Weber n'entend pas faire une description de la réalité empirique. Les trois formes d'autorité dont il rend compte sont plutôt des idéaux types, c'est-à-dire des constructions théoriques qui visent à opérer des comparaisons avec la réalité observée et à analyser des écarts. On insiste particulièrement sur cette notion d'idéal type car elle est bien centrale dans la pensée de Max Weber. On retrouve cette logique intellectuelle dans son élaboration d'une théorie de la bureaucratie.

## 3. La théorie de la bureaucratie

Selon Max Weber, le système rationnel est le pilier d'une administration efficace. Les grandes caractéristiques de la direction administrative bureaucratique la rapproche fortement de l'idéal type de l'autorité à caractère rationnel-légal. Weber indique que cette forme d'organisation se retrouve dans toutes sortes d'entreprises. Il pense qu'une telle forme d'organisation présente une logique de fonctionnement la plus rationnelle sur le plan formel, de par son exigence de conformité réglementaire, de par sa prévisibilité et en raison de sa précision technique. La nécessité de l'administration de masse, tant des biens que des personnes, rend la bureaucratie inévitable. Selon sa pensée, une bureaucratie performante applique principalement les idées suivantes :

– les agents sont personnellement libres, soumis à une autorité seulement dans le cadre officiel de leur fonction ;
– ils sont organisés dans une hiérarchie d'emplois clairement définie ;
– chaque emploi a une sphère de compétences légales formellement définie ;
– l'emploi est occupé sur la base d'une libre relation contractuelle ;
– les candidats sont sélectionnés sur la base de leurs qualifications techniques ;
– ils sont rémunérés par un salaire fixe et ont droit à une retraite ;
– la promotion dépend de l'ancienneté et du jugement des supérieurs ;
– chaque agent est soumis à une discipline et à un contrôle strict et systématique de son travail.

Ces critères, bien que largement critiqués par les théoriciens du management, sont en vigueur dans beaucoup d'organisations. Il y a près d'un siècle, Weber était convaincu de leur supériorité pour conjuguer les efforts des individus au travail. Selon lui, le capitalisme a joué un rôle majeur dans le développement de la bureaucratie puisque c'est un système économique fondé sur le calcul rationnel du gain à long terme. Il établit également un lien entre organisation et religion à travers sa thèse consacrée aux relations étroites selon lui entre l'éthique protestante et l'esprit du capitalisme. Fondamentalement, il pense que l'essor du capitalisme et de la bureaucratie est favorisé par une attitude morale particulière : la religion protestante qui favorise l'accumulation du capital avec sa croyance dans une rédemption fondée sur une activité créatrice sur terre. Pour Max Weber, le système capitaliste repose sur l'entreprise rationnelle, industrielle dont le but est de faire du profit par le calcul économique et la production. C'est la jonction du désir du profit et la rationalité qui constitue l'originalité du capitalisme occidental. Mais il y a bien une mentalité particulière, une éthique protestante selon laquelle les biens et les richesses accumulés ne doivent pas être dépensés de manière somptuaire. Au contraire, cette accumulation de richesses va de pair avec une morale austère, méfiante vis-à-vis du monde et de la jouissance qu'il pourrait procurer. Cette vision du monde se développe dans un climat individualiste, chacun est seul face à Dieu. Cette affinité spirituelle entre l'état d'esprit protestant et le capitalisme repose sur une organisation rationnelle et légale du travail en vue de produire toujours davantage dans l'intérêt général.

Ce chapitre, consacré à l'examen des théories classiques des organisations, correspond en réalité à une première vague de réflexion qui a dominé la pensée scientifique et managériale des années 1900 à 1930. Elle peut se définir comme la volonté de mettre de l'ordre dans les organisations par l'établissement de règles strictes. L'organisation étant conçue comme un mécanisme destiné à produire des biens ou des services dans lequel chaque individu est un rouage.

Cette période correspond également à des contextes économiques et sociaux bien déterminés. Le taylorisme est avant tout une réponse aux contradictions soulevées par le mode de production artisanal, dominant à la fin du siècle dernier. À cette époque, l'organisation scientifique du travail a fait preuve d'une incontestable efficacité, en raison des gains de productivité qu'elle a générés. Le taylorisme a aussi permis, grâce à la réduction des temps d'apprentissage d'intégrer dans l'industrie en plein essor une main d'œuvre nouvelle peu qualifiée, d'origine rurale ou immigrée. La décomposition du travail en tâches élémentaires a accéléré le développement de la mécanisation et un mode de production fordiste, fondé sur la production de biens standardisés. Caricaturée par Chaplin dans *Les Temps modernes*, la chaîne de montage accroît l'intensité du travail et élimine les temps improductifs. Le modèle industriel occidental mis en œuvre dans les grandes entreprises combine ainsi plusieurs apports théoriques complémentaires : le taylorisme qui fait référence à des concepts organisationnels de base, le fordisme désignant le travail sur les lignes d'assemblage et de standardisation de produits, la contribution de Fayol vers une unité de commandement, de direction, de prévoyance et de coordination dans les organisations.

L'œuvre de Weber à travers sa théorie de l'action rationnelle vient alors renforcer l'idée dominante selon laquelle il est important de dépersonnaliser les relations de travail en vue de renforcer l'équité dans les organisations. Si, incontestablement, les apports de cette école classique ont contribué activement à la création de richesses, de nombreuses critiques apparaissent progressivement dans les organisations. Il s'agit alors de chercher à humaniser les relations de travail, cela constitue le champ d'action principal de l'école des relations humaines.

# Chapitre 2

## Le mouvement des relations humaines

L'effort de rationalisation a fortement contribué au développement industriel. Pour autant, l'application de l'idéologie taylorienne et du modèle fordiste de production va déclencher une double réaction. D'une part, un mouvement va se développer contre les excès de la division du travail. D'autre part, l'idée de rationalisation correspondant en fait à une sacralisation des solutions proposées par les auteurs classiques va être remise en cause. Le label scientifique mis en avant par les ingénieurs et techniciens, les directions et les bureaux des méthodes sera de plus en plus discuté. Les principes d'organisation du travail définis par Taylor et les réorganisations menées par Ford ont été étendus à de nombreuses usines au cours de la première guerre mondiale. Les conditions matérielles et humaines de la production industrielle ont été ainsi transformées de manière radicale et irréversible. Le machinisme industriel a poussé les entreprises à porter une attention soutenue à l'individu dans le système de production, ce qui a eu pour principale conséquence de déshumaniser les relations de travail. La psychologie industrielle et la psychosociologie naissantes s'intéressent à la fatigue au travail et vont orienter les organisations dans la direction d'une meilleure connaissance des individus et des groupes au travail. Concrètement, l'effort de rationalisation et d'efficacité amorcé par Taylor, Fayol et Weber s'est rapidement heurté à de fortes résistances : elles ont été globalement attribuées au facteur humain que les chercheurs en sciences sociales ont tenté de valoriser.

L'idée selon laquelle les connaissances dans les entreprises peuvent être aussi détenues par tous les acteurs sociaux émerge et s'impose progressivement. À partir des années 30, la vision de l'homme au travail change de perspective. Le mouvement des relations humaines apparaît en contestation de l'approche classique des organisations et s'intéresse aux aspects psychosociologiques, à la vie des groupes humains ainsi qu'à la dimension relationnelle au sein de l'organisation. Il est aujourd'hui symbolisé par la pensée d'auteurs tels que E. Mayo, K. Lewin, R. Likert, H. Maslow, D. Mc Gregor, F. Herzberg et C. Argyris qui sont en réalité les précurseurs de ce que sera plus tardivement la gestion des ressources humaines.

## I. ORIGINE ET DÉVELOPPEMENT DE L'ÉCOLE DES RELATIONS HUMAINES

### 1. George Elton Mayo (1880-1949) et les expériences de la Western Electric de Chicago

Né en Australie, il s'établit en 1922 aux États-Unis où il devient professeur de psychologie industrielle à la Wharton School de Philadelphie, puis à Harvard (1926-1947). Après avoir effectué de brèves études de médecine à Edimbourg en Écosse, il étudie la philosophie et la psychologie en Australie où il enseigne la logique. Il s'intéresse très tôt à la question de la répétition des tâches et ses conséquences sur l'homme et mène des recherches sur la fatigue et la psychologie médicale. Aux États-Unis, il réalise des recherches plus approfondies sur l'homme au travail au sein du Harvard Fatigue Laboratory et du Laboratory Department of Industrial Research créés en 1926.

La recherche la plus connue est celle réalisée au sein des ateliers Hawthorne de la Western Electric Company de Chicago démarrée en 1924. Cette compagnie s'intéresse particulièrement aux effets de l'amélioration de l'éclairage sur la production ouvrière au travail. Les résultats de l'étude montrent que la productivité augmente avec l'amélioration de l'éclairage mais les responsables de l'expérience se rendent compte que les facteurs à l'origine de cette constatation ne sont pas de nature strictement physiologique. Ils font ainsi appel aux chercheurs de Harvard, et plus particulièrement à E. Mayo qui était connu pour ses travaux sur la fatigue et sa critique des conceptions tayloriennes du travail préconisant entre autre, l'introduction de pauses dans le processus de production. La recherche est réalisée à Ciceron près de Chicago à l'usine de Hawthorne. E. Mayo et son équipe commencent leurs investigations à partir de 1927, l'étude de terrain durera environ 5 ans jusqu'en 1932. Les chercheurs modifient radicalement l'esprit des expériences antérieures. Les nouvelles expériences ne portent plus sur l'éclairage mais sur la fatigue, l'intérêt du travail, les effets de l'introduction de pauses et, d'une manière générale, la transformation des conditions de travail.

Ces recherches expérimentales conduisent à observer progressivement des effets autour de l'influence des attitudes et des relations de travail sur la qualité de la production, sans aboutir pour autant à une interprétation satisfaisante. La direction générale de l'usine, suite à cette première vague d'expériences, décide de poursuivre la recherche.

Dans une seconde vague, plus de 1 600 entretiens sont réalisés auprès d'employés appartenant à différents services et niveaux de responsabilité de l'usine. Ces entretiens montrent l'importance des opinions du personnel et suggèrent aux chercheurs de distinguer deux dimensions au travail. En premier lieu, il existe un système formel d'organisation du travail bien connu par le bureau des méthodes. En deuxième lieu, et cela est essentiel, il existe aussi un système informel constitué par les sentiments, les attitudes et les relations entre les membres du personnel. Ces observations conduisent alors à une recherche d'approfondissements sur la nature de ce système informel ce qui amène à une troisième phase d'investigations. De nouvelles observations sont alors réalisées dans une perspective plus anthropologique de manière à chercher à appréhender le poids de cette construction sociale informelle sur la production.

Cette série d'expériences visait à modifier les conditions de travail au sens large pour en mesurer les effets sur la productivité humaine au travail. Chemin faisant, E. Mayo et son équipe ont progressivement découvert le célèbre *effet Hawthorne* qui est une réaction positive du groupe de travail observé liée à la prise en compte de facteurs psychosociologiques en situation de travail.

Fondamentalement, ce n'est pas tant l'amélioration des conditions objectives de travail que l'attention aux relations humaines qui permet l'accroissement de la productivité. Dans ces travaux, E. Mayo parle d'une *illumination* fondamentale puisque l'ensemble des ouvriers non soumis aux expériences, et ne bénéficiant d'aucun changement, ont augmenté et maintenu un haut niveau de productivité. De plus, lorsqu'il a l'idée géniale de supprimer toutes les améliorations apportées jusque-là auprès de l'atelier d'assemblage, il observe un maintien global du niveau de productivité. Comment expliquer ce mystère ? Que s'est-il donc produit ? Finalement, la grande découverte des chercheurs à Hawthorne réside dans l'idée que le seul fait de montrer concrètement aux ouvriers, par les expériences et par la présence des chercheurs, que l'on s'intéresse à eux et à leur sort, a provoqué un regain de motivation et d'intérêt au travail.

Tout ceci a conduit E. Mayo à élaborer une théorie des relations humaines publiée pour l'essentiel dans un ouvrage paru en 1933, *The Social Problems of an Industrial Civilization*.

## 2. La théorie des relations humaines

Le principe de *l'effet Hawthorne* a été mis en évidence de manière fortuite puisque les premières études visant à mesurer les impacts de l'illumination des ateliers de production sur la productivité reposaient en réalité sur un postulat taylorien. Il s'agissait de créer les meilleures conditions matérielles possibles de travail pour améliorer son efficacité.

La première conclusion fut la découverte d'autres facteurs de stimulation humaine que les seules conditions physiques de travail. Cela a conduit à plusieurs enseignements riches de conséquences pour l'organisation industrielle. En première analyse, la simple connaissance par l'individu du fait qu'il est sujet d'observation et d'attention modifie son comportement productif. En l'occurrence, c'est l'intérêt de la direction de la compagnie pour les ouvriers qui fait que la productivité augmente. Il s'agit bien d'une réaction positive en rupture avec les savoirs traditionnels sur la connaissance classique du comportement humain en situation de travail.

En seconde analyse, E. Mayo a mesuré à quel point les relations interpersonnelles à l'intérieur des groupes sont importantes au sein des ateliers de production. Ce qui prime, c'est la cohésion globale au sein d'un groupe. La dimension groupale ignorée par Taylor et ses continuateurs s'avère décisive sur la productivité d'une usine.

En troisième analyse, les groupes de travail créent en leur sein un système social de relations interpersonnelles puisque, par exemple, des leaders d'opinions apparaissent. Les groupes produisent ainsi des normes et des règles sociales informelles de comportement auxquelles l'ensemble des individus se conforme. L'identification de ces normes de comportement informelles indique l'importance du facteur humain sur la production. Par exemple, il ne fallait jamais produire trop et éliminer *les casseurs de cadence*. Il ne fallait jamais dire à un contremaître quoi que ce soit au détriment du groupe et réprimander les *mouchards*.

En définitive, l'apport essentiel de l'école des relations humaines est d'avoir démontré l'effet du groupe et de ses relations interpersonnelles, affectives, émotionnelles sur le comportement des ouvriers et leur productivité au travail. Une telle organisation humaine renvoie à l'individu dans ses émotions, mais aussi au réseau complexe de relations entre individus et groupes dans l'usine.

Cette organisation informelle mais active est une construction sociale puisqu'elle est le produit des relations entre les membres du groupe et du système industriel au sens large. Enfin, les chercheurs ont découvert la dimension idéologique à travers leurs expériences en observant que l'usine est un lieu d'idées, de croyances, de valeurs partagées qui s'expriment à travers des logiques d'action très différentes de celles des coûts ou de l'efficacité.

Au total, on peut dire que Mayo et son équipe ont mis en évidence la dimension systémique et complexe de la question de l'homme en situation de travail industriel. Cette vision interactionniste des rapports humains et des relations sociales dans le monde du travail, constitue l'un des fondements de la théorie des relations humaines qui sera à l'origine de nouvelles expériences en matière de gestion du personnel.

## 3. Portée et limites de la théorie des relations humaines

Fondamentalement, les travaux de E. Mayo et de l'école des relations humaines ne remettent pas en cause le système d'organisation industrielle au sein duquel ils se sont développés. Ils introduisent néanmoins un enrichissement notable dans l'analyse des organisations en mettant en évidence le rôle de la dimension sociale. Ils sont aussi à l'origine de réflexions et d'expériences sur la motivation de l'homme au travail et incitent les entreprises à valoriser le système humain dans la recherche de la performance économique.

L'équipe de recherche à Hawthorne visait une connaissance plus intime de l'employé et de ses attentes pour lui assurer un meilleur moral, lui-même nécessaire à un rendement accru. La volonté de faire du profit en minimisant les coûts, caractéristique de la logique managériale traditionnelle, a entraîné une série de mesures manipulatrices qui ont transformé les résultats originels du mouvement des relations humaines en recettes de gestion des hommes.

Cela explique le peu de réussite opérationnelle du mouvement qui a davantage amené une sensibilisation à la question sociale dans l'organisation. Il ne faut pas perdre de vue que les travaux de Elton Mayo vont faire en sorte qu'un problème essentiellement de pouvoir, de rapports de forces, de domination économique va être occulté et traité de manière quasi exclusive par la psychologie et la dimension socio-affective. Cela a d'ailleurs été largement utilisé par les équipes dirigeantes de grandes organisations industrielles. Ces critiques n'enlèvent rien aux acquis du mouvement mais en limitent en réalité la portée opérationnelle.

## II. LES STYLES DE COMMANDEMENT ET LA DYNAMIQUE DES GROUPES

### 1. Les travaux de K. Lewin (1890-1947)

Né en Allemagne, docteur en philosophie, il effectue des recherches en psychologie à l'Université de Berlin avant d'émigrer aux États-Unis où il devient professeur à l'Université de Stanford (Californie). En 1935, il publie un ouvrage de référence : *A Dynamic Theory of Personality.* Au niveau de ses recherches, K. Lewin s'intéressera pour l'essentiel à deux questions : le mode d'exercice de l'autorité et de leardership ainsi que la dynamique des groupes.

Les travaux de Lewin sont essentiellement consacrés aux phénomènes de groupes humains restreints, aux problèmes de leadership, de climat social, de comportements de groupe.

### 2. Les différentes approches du leadership

À partir de recherches expérimentales réalisées sur des groupes d'enfants, K. Lewin distingue trois formes de leadership ou de mode d'exercice du commandement. En premier lieu, le leadership autoritaire qui se tient à distance du groupe et use des ordres pour diriger les activités du groupe. En second lieu, le leadership démocratique qui s'appuie sur des méthodes semi-directives visant à encourager les membres du groupe à faire des suggestions, à participer à une discussion ou encore à faire preuve de créativité. Enfin, le leadership du *laisser-faire* qui ne s'implique pas dans la vie du groupe et qui participe au strict minimum aux différentes activités. Les observations réalisées sur des groupes d'enfants à partir de ces trois modes d'exercice du pouvoir conduisent aux conclusions suivantes.

Au sein du premier groupe dirigé autoritairement, le rendement est manifestement plus élevé que dans les autres groupes. Pour autant, la pression portée sur le groupe fait qu'il n'y a pas de véritable relation de confiance, ce qui se traduit parfois par des actes de défiance ou de rébellion. Certains enfants ont parfois adopté une attitude agressive au sein du groupe ce qui a eu des conséquences en particulier sur l'ambiance de travail et le climat social.

Au sein du deuxième groupe, il apparaît que la mise en place d'un système d'animation du groupe fondé sur la démocratie ne s'est faite que progressivement. En effet, l'acquisition par le groupe de règles de fonctionnement subtiles a nécessité un certain temps d'apprentissage. Pour autant, Lewin observe que les membres du groupe avec un leader démocratique manifestaient des relations plus chaleureuses et amicales, participaient beaucoup plus aux activités du groupe et, une fois le leader parti, continuaient le travail et faisaient preuve d'autonomie dans le travail. Les expériences montrent les difficultés inhérentes à la mise en place de ce mode d'exercice de l'autorité qui conduit à des résultats intéressants à moyen terme.

Enfin, le *laisser-faire* semble constituer la pire des méthodes. Le groupe n'obtient pas de résultats satisfaisants, reste paradoxalement très dépendant d'un leader peu impliqué et demeure constamment en quête d'informations et de consignes. En définitive, ces recherches montrent la supériorité d'un mode de management démocratique, fondé sur des méthodes semi-directives, sur d'autres approches du commandement. Néanmoins, ces travaux indiquent également les conditions inhérentes à la mise en place d'un tel système : l'importance du dialogue, de la confiance dans les relations pédagogiques ainsi que de la logique de responsabilisation d'un groupe face à des activités à réaliser.

## 3. La problématique de la dynamique des groupes

Kurt Lewin est l'inventeur du terme dynamique de groupe (*dynamic group*) en 1944. À partir de 1943, le gouvernement américain demande à l'équipe de recherche d'étudier la possibilité de changer les habitudes de consommation des ménagères américaines. Il s'agit d'examiner les conditions de remplacement de la consommation de viandes par des abats, les pouvoirs publics craignant alors une menace de pénurie en période de guerre.

Lewin et son équipe décident de mettre en place deux groupes expérimentaux composés de ménagères. Les deux groupes sont relativement homogènes quant à leur composition mais vont être animés de manière très différente. Au sein du premier groupe, il est décidé d'organiser une conférence réalisée par un médecin, spécialiste en nutrition, en vue de persuader les ménagères des vertus pour la santé de la consommation d'abats. La conférence est réalisée sous couvert d'un certain patriotisme et semble tout à fait convaincante. À l'issu de celle-ci, un nombre important de ménagères manifeste leur intention de consommer des abats. Dans le second groupe, l'approche retenue en matière d'animation du groupe est très différente. En effet, les psychologues organisent une discussion entre les ménagères autour de la question de la consommation d'abats de viande. Ces discussions s'avèrent être particulièrement animées, voire vives dans certains cas, et conduisent à des prises de position face à cette question. À l'issu de la séance, on observe que le groupe est finalement beaucoup plus partagé que dans le premier cas, quant aux intentions de consommation d'abats. Quelques temps après, les chercheurs se sont efforcés de mesurer au sein de chaque groupe le niveau réel de passage à l'acte. Finalement, l'enquête montre que davantage de personnes ont consommé des abats de viande dans le second groupe que dans le premier. Que s'est-il donc passé ?

K. Lewin expliquera le phénomène à partir du concept de dynamique de groupe. Dans le premier cas, les ménagères sont passives face à un exposé qui n'implique pas leur participation, la plupart d'entre elles n'ont pas mémorisé le message clé. Cela n'a pas eu de véritables impacts sur leurs habitudes de consommation. Dans le second cas, les membres du groupe ont remis collectivement en cause leurs habitudes et leurs normes de consommation. Les ménagères ont débattu de la question, parfois en s'opposant. Cela a manifestement renforcé la mémorisation et l'implication face au problème posé. C'est en réalité cette forte interaction entre ménagères sur le sujet qui les a conduits au passage à l'acte.

Au final, cette célèbre expérience montre l'importance de la vie d'un groupe, des échanges interpersonnels, des remises en cause collectives qui peuvent finalement favoriser un changement de consommation.

## 4. R. Likert (1903-1981) et le principe des relations intégrées

Professeur de psychologie industrielle à l'Université du Michigan aux États-Unis, Rensis Likert conduit des recherches sur les attitudes et les comportements humains au travail. Dans cette perspective, il est un continuateur de Mayo et Lewin puisqu'il cherche à comprendre dans quelle mesure la nature des relations entre supérieur et subordonné peut conduire à des résultats très différents dans un contexte organisationnel identique. Les résultats de ses recherches sont publiés en 1961 dans un ouvrage intitulé *Le Gouvernement participatif de l'entreprise*.

À partir d'enquêtes auprès de directeurs de grandes compagnies d'assurances, il observe que ceux qui ont les résultats les plus médiocres présentent des traits communs. Leur conception du commandement les conduit à se focaliser sur les tâches à accomplir ; leur mission est avant tout orientée vers la surveillance et le contrôle ; ils adoptent les principes de l'organisation taylorienne du travail (travail prescrit, aucune autonomie, salaire au rendement, etc.). Ce mode de management est dominant après la Deuxième Guerre mondiale aux États-Unis.

Pour autant, il révèle que certains dirigeants semblent obtenir de meilleurs résultats car ils ont une autre attitude vis-à-vis des hommes en situation de travail. En effet, ils ont la conviction qu'il est nécessaire de comprendre les attentes et les valeurs personnelles des salariés afin d'améliorer leur degré de motivation et d'implication au travail. Pour ce faire, leur mode de commandement vise, pour l'essentiel, à établir une relation de confiance durable dans l'organisation, en adoptant un comportement fondé sur l'empathie, c'est-à-dire l'écoute et la prise en considération des capacités de chacun et des difficultés rencontrées. Cette grande enquête a permis à Likert de poser le principe des relations intégrées, selon lequel les relations entre les membres d'une organisation intègrent les valeurs personnelles de chacun. Cela conduit à considérer que dans une organisation, toute personne doit se sentir considérée et nécessaire dans l'entreprise pour travailler efficacement.

Selon Likert, l'efficacité au travail passe par l'abandon de la relation *man-to-man* (homme contre homme) et nécessite la mise en œuvre d'une organisation par groupe de travail au sein duquel les problèmes rencontrés sont abordés et résolus collectivement. Il développe l'idée d'un mode de management participatif par groupe de travail. Les enquêtes réalisées, indiquent que ce mode d'organisation semble plus efficace, car il s'appuie sur des attitudes plus coopératives et sur des relations de confiance. Pour autant, Likert note que ce mode de management est complexe à mettre en place car il nécessite l'acquisition par les salariés de règles de fonctionnement subtiles, ainsi qu'un niveau de convergence suffisant entre les valeurs personnelles des membres du groupe.

## III. LA THÉORIE DES BESOINS ET DES MOTIVATIONS

### 1. L'apport de H. Maslow

Psychologue de formation et spécialiste du comportement humain, H. Maslow (1908-1970) est l'un des premiers théoriciens à s'intéresser explicitement à la motivation de l'homme au travail. En 1954, il publie un ouvrage qui fera référence sur la question de la motivation au travail : *Motivation and Personality*. La théorie de H. Maslow a connu un véritable retentissement en milieu industriel. Ses recherches, en particulier sa fameuse pyramide des besoins humains, sont universellement connues.

Dans le prolongement des travaux de Mayo, Maslow met l'accent sur l'analyse des besoins de l'homme pour mieux comprendre ce qu'il recherche à travers son activité professionnelle. Il formule l'idée directrice selon laquelle le comportement humain au travail est d'autant plus coopératif et productif qu'il trouve dans l'organisation une occasion de réalisation de soi et d'épanouissement personnel. Il invente le concept de hiérarchie des besoins, des plus élémentaires aux plus complexes, pour définir les origines de la motivation humaine. Pour ce faire, Maslow distingue cinq catégories de besoins hiérarchisés :

– les besoins physiologiques (se nourrir, se désaltérer, etc.) ;
– les besoins de sécurité (se protéger, être protégé, etc.) ;
– les besoins d'appartenance et d'affection (être accepté, écouté par les autres, etc.) ;
– les besoins d'estime et de prestige (être reconnu, valorisé, etc.) ;

– les besoins de réalisation ou d'accomplissement (utiliser et développer ses capacités, s'épanouir dans son travail, etc.).

L'hypothèse centrale de Maslow est qu'une fois que les besoins physiologiques et de sécurité fondamentaux d'un individu sont satisfaits, les besoins sociaux ou supérieurs pourront l'être à leur tour. Suivant l'auteur, un besoin de niveau supérieur ne peut être perçu que lorsque les besoins de niveau inférieur sont suffisamment satisfaits. Maslow développe également l'idée qu'aucun de ces besoins n'est absolu puisque dès que l'un d'eux est satisfait, il cesse d'être important. Finalement, un besoin satisfait ne constitue pas une motivation en soi.

Ces travaux s'opposent aux idées de Taylor qui ne prenait en considération que les deux premiers niveaux de besoins. En effet, Maslow identifie des besoins et des motivations sociales plus profonds au travail tels que l'identité, la reconnaissance, la considération ou encore la réalisation de soi.

## 2. D. Mc Gregor et la dimension humaine de l'entreprise

Professeur de psychologie industrielle aux États-Unis (MIT à Harvard), Douglas Mc Gregor (1906-1964) va plus loin que Maslow et élabore une véritable théorie de management, c'est-à-dire une manière de conduire les hommes. Celle-ci est publiée dans un ouvrage de référence paru en 1960 : *La Dimension humaine de l'entreprise*.

Il part du constat qu'il n'existe pas de théorie satisfaisante de la fonction de management du fait qu'aucune ne rend compte du potentiel que représentent les ressources humaines dans l'entreprise. En comparant les programmes de formation des dirigeants de grandes entreprises américaines, il en conclut que les résultats de la formation ont peu d'effets sur les pratiques. Selon lui, les dirigeants changent leur mentalité, leur comportement et leur style de management non pas en fonction du contenu de la formation, mais de la conception qu'ils se font de leur rôle de dirigeant. Il formule l'idée qu'ils font des hypothèses implicites sur la nature humaine au travail qui guident leur conception du management. D. Mc Gregor oppose deux conceptions de l'homme au travail qu'ils appellent la théorie X et la théorie Y.

- **La théorie X**

Cette conception de l'homme au travail est pour lui largement dominante aux États-Unis et repose sur trois hypothèses implicites :

– l'individu moyen éprouve une aversion innée pour le travail qu'il fera tout pour éviter ;
– à cause de cette aversion à l'égard du travail, les individus doivent être contraints, contrôlés, dirigés, menacés de sanction, si l'on veut qu'ils fournissent les efforts nécessaires à la réalisation des objectifs organisationnels ;
– l'individu moyen préfère être dirigé, désire éviter les responsabilités, a peu d'ambition et recherche la sécurité avant tout.

À travers la théorie X, Mc Gregor montre que ces hypothèses sont en réalité de véritables postulats pour les dirigeants et constituent une idéologie dominante. À partir de ce diagnostic, il propose de nouvelles hypothèses, de nouveaux postulats opposés à la théorie X : la théorie Y présentée comme une réelle alternative en termes de conception du mode de management.

- **La théorie Y**

Elle repose sur quatre principes :

– la dépense physique est aussi naturelle que le jeu ou le repos pour l'homme. Il peut s'autodiriger et s'autocontrôler ;
– l'engagement personnel est en fait le résultat d'une recherche de satisfaction de besoins sociaux. L'homme apprend à rechercher les responsabilités ;
– la capacité d'exercer son imagination, sa créativité au service d'une organisation est largement répandue parmi les hommes ;
– dans beaucoup de conditions de travail, les possibilités intellectuelles des hommes sont largement inutilisées.

Pour Mc Gregor, ces deux approches induisent deux styles de gestion et de management différenciés. Il développe la thèse suivant laquelle la théorie Y et le style de gestion qui en résulte sont plus adaptés à la nature humaine car ils reposent sur des motivations plus profondes. En effet, cette conception du management permet d'intégrer les buts de l'individu et de l'organisation à travers le mode de management. Le salarié doit pouvoir remplir ses propres besoins en accomplissant les objectifs de l'organisation. Finalement, Mc Gregor pense que les individus peuvent révéler des potentiels beaucoup plus importants que l'encadrement actuel des entreprises ne peut l'imaginer. Si la théorie X nie l'existence d'un tel potentiel, la théorie Y donne la possibilité à l'encadrement d'innover, de découvrir de nouveaux moyens d'organiser et de diriger l'effort humain.

## 3. F. Herzberg et la théorie des deux facteurs

Né en 1923, Frederick Herzberg, psychologue clinicien, est aujourd'hui professeur de management à l'Université de l'Utah aux États-Unis. Ses travaux portent pour l'essentiel sur la question de la motivation humaine au travail. En 1959, il publie un ouvrage de référence : *Le Travail et la Nature de l'homme*.

L'idée principale de Herzberg est que les circonstances qui conduisent à la satisfaction et à la motivation au travail ne sont pas de même nature que celles qui conduisent à l'insatisfaction et au mécontentement. Il élabore ainsi une théorie dite des deux facteurs ou bifactorielle, et part du constat que les réponses des individus sont différentes selon qu'on leur demande ce qui provoque leur motivation au travail et ce qui déclenche leur insatisfaction.

Pour élaborer sa théorie, Herzberg a utilisé la méthode des incidents critiques qui consiste, lors d'entretiens avec des salariés, à leur demander de relater des événements concrets dans le passé au cours desquels les salariés se sont sentis exceptionnellement satisfaits ou insatisfaits de leur travail. À travers l'analyse des réponses, il observe que ce ne sont pas les mêmes facteurs qui causent les souvenirs agréables et les souvenirs désagréables. Il est progressivement amené à distinguer deux grandes catégories de facteurs.

- **Les facteurs de satisfaction**

Ils sont appréhendés comme de réels facteurs de motivation de l'homme au travail. Ce sont des facteurs intrinsèques au travail qui sont exclusivement motivants pour Herzberg : la réalisation de soi, la reconnaissance, l'intérêt au travail, son contenu, les responsabilités, les possibilités de promotion et de développement.

- **Les facteurs d'insatisfaction au travail**

Ils sont envisagés comme des facteurs d'hygiène ou de mécontentement. Ils correspondent à des facteurs extrinsèques au travail : la politique de personnel, la politique de l'entreprise et son système de gestion, le système de supervision, les relations interpersonnelles entre salariés, les conditions de travail et le salaire.

Suivant la théorie de Herzberg, les deux sentiments satisfaction et insatisfaction ne sont pas opposés. Cela signifie que la motivation ne peut pas venir de l'élimination des facteurs d'insatisfaction. De même, si les facteurs de satisfaction dans le travail sont absents, les salariés ne feront pas preuve d'insatisfaction ou de mécontentement mais ne seront pas motivés. L'impact essentiel de ces travaux de recherche sur la motivation va se faire dans les organisations à travers le mouvement pour l'amélioration de la qualité de vie au travail.

Finalement, Herzberg distingue les différents éléments d'un emploi en deux catégories : ceux qui servent des besoins économiques ou vitaux, les besoins d'hygiène ou de maintenance, et ceux qui satisfont des motivations plus profondes, les facteurs de motivation. Il tire comme conclusion, que les directions d'entreprises doivent individuellement, élargir et enrichir le travail de chacun. Ce mouvement connaîtra en France son apogée dans les années 1970 à travers notamment les travaux de l'Agence nationale pour l'amélioration des conditions de travail (ANACT). De nombreuses entreprises industrielles s'efforceront d'améliorer le contenu du travail fournit aux salariés en recherchant à développer l'intérêt, l'autonomie et la responsabilité des hommes au travail.

## 4. C. Argyris et le développement du potentiel de l'individu dans l'organisation

Né en 1923 aux États-Unis, Chris Argyris est Professeur de management à Harvard où il enseigne l'administration des entreprises. Spécialiste en psychologie industrielle, il développe comme K. Lewin une méthode de recherche-intervention en milieu industriel. Il a publié de nombreux ouvrages sur le management dont *Personality and Organization* en 1957. Pour Argyris, chaque individu a un potentiel qui peut être développé ou infirmé par l'organisation et l'environnement particulier du groupe pour lequel il travaille. Le développement du potentiel de l'individu ne peut se faire qu'au bénéfice mutuel de l'individu et de l'organisation mais les managers manquent souvent de confiance interpersonnelle pour permettre un tel développement. À partir de l'étude de six sociétés, Argyris conclut que la manière dont sont prises les décisions crée souvent une atmosphère de défiance et d'inflexibilité, alors que les managers concernés considèrent que la confiance et l'innovation sont essentielles pour une prise de décision satisfaisante. Il préconise donc que les dirigeants s'efforcent de poser les questions importantes, susceptibles de produire des réponses, en période de tranquillité et se remettent en cause à partir d'enregistrements de leurs réunions pour entrer activement dans un processus d'apprentissage de leur comportement et de celui du groupe managé.

Dans ses recherches, Argyris identifie trois valeurs de base qui affectent les groupes de travail :

– les seuls rapports humains intéressants sont ceux qui ont pour résultat l'accomplissement des objectifs de l'organisation. En d'autres termes, si les cadres concentrent leurs efforts sur l'accomplissement des tâches, c'est souvent pour éviter d'approfondir les facteurs relationnels entre employés et le mécanisme de fonctionnement des groupes entre eux ;
– il faut accentuer la rationalité cognitive, et minimiser les sentiments et les émotions. C'est ainsi que les relations interpersonnelles sont considérées comme hors de propos dans le cadre de l'entreprise et ne concernent pas le travail ;
– les rapports humains sont plus utiles lorsqu'ils sont orientés par un système de direction, de coercition et de contrôle unilatéraux, ainsi que par des primes et des amendes. Argyris constate que l'autorité et le contrôle sont acceptés comme étant inévitables, inhérents et indissociables de la chaîne hiérarchique.

• **Le concept de succès psychologique**

À partir de ce diagnostic, Argyris réalise une véritable critique de l'efficacité dans les entreprises. Pour la plupart des managers, une organisation efficace concourt à l'atteinte des objectifs qu'elle s'est fixée. Cette définition est beaucoup trop restrictive selon lui. Il développe l'idée qu'une organisation efficace doit aussi utiliser toutes les ressources dont elle dispose, en particulier l'énergie humaine. Il souligne que l'énergie humaine a pour principale composante l'énergie psychologique qui peut se développer sous la confiance et propose le concept de succès psychologique.

Suivant Argyris, une organisation est efficace si elle permet fondamentalement à tous ses membres d'arriver au succès psychologique. Pour ce faire, elle doit donner à tout un chacun la possibilité de développer son efficacité personnelle. Cela implique pour l'essentiel deux conditions. D'une part, les individus doivent s'accorder de la valeur et aspirer à un sentiment croissant de compétence notamment en se fixant des défis à relever. D'autre part, l'entreprise doit favoriser la compétence et l'estime de soi ce qui va à l'encontre de cultures organisationnelles favorisant au contraire l'apathie ou le fatalisme. Le fonctionnement des organisations doit être modifié pour permettre aux individus d'atteindre le succès psychologique.

Le modèle d'organisation suggéré par Argyris s'appuie ainsi sur plusieurs principes d'actions : les interrelations entre les composantes de l'organisation peuvent favoriser sa direction ; il doit exister une conscience globale de l'organisation ; les objectifs réalisés doivent être ceux de l'ensemble de l'organisation. Argyris ajoute l'idée qu'il doit exister au sein des organisations une capacité de modifier les activités internes (restructurer les emplois, les services, etc.) et les activités externes (s'adapter à de nouvelles demandes, à de nouveaux clients, etc.). Enfin, il propose une vision élargie de l'avenir des organisations puisqu'il insiste sur l'idée que les dirigeants et les managers doivent avoir une vision prospective et chercher à anticiper les grandes évolutions.

Le mode de management préconisé pour accroître les chances de développement du succès psychologique repose sur les principes suivants :

– l'élargissement et l'enrichissement du travail par une participation au processus de prise de décision, une participation à la conception du travail et des informations sur les résultats atteints ;
– le changement de valeurs et de comportements des managers davantage orienté vers la confiance et un management relationnel ;
– la décentralisation du contrôle de gestion et la sensibilisation des salariés aux aspects économiques de leur activité ;
– l'évolution des systèmes de rémunération et d'évaluation des employés. Ces derniers doivent être davantage orientés vers l'encouragement à une contribution au maintien du système d'organisation interne et à l'adaptation à l'environnement de l'entreprise. Ces systèmes doivent chercher à favoriser le développement du potentiel des individus en accordant plus d'attention aux facteurs émotionnels et à la compétence interpersonnelle pour se rapprocher des valeurs fondamentales de l'organisation.

- **La théorie de l'apprentissage organisationnel**

Les recherches de C. Argyris insistent particulièrement sur l'idée que les organisations efficaces du futur seront celles qui sauront capables de développer leur faculté d'adaptation grâce à leur capacité d'apprentissage. Le développement d'organisations apprenantes semble être une nécessité pour les sociétés modernes. Selon l'auteur, il est indispensable que les routines défensives faisant obstacles au changement et à l'apprentissage soient maîtrisées. Argyris avance la thèse suivant laquelle c'est en aidant les membres de l'organisation à modifier leur manière de raisonner et à faire l'apprentissage d'un raisonnement constructif que l'organisation deviendra apprenante. Les salariés doivent savoir non seulement résoudre les problèmes routiniers liés à l'apprentissage qu'il appelle *en simple boucle*. Ils doivent aussi être capables de faire face à des problèmes plus complexes lorsqu'ils sont confrontés à des situations de travail difficiles, cela nécessite alors, suivant Argyris, un apprentissage en *double boucle*.

L'apprentissage en double boucle permet de rendre l'entreprise apprenante. Ce processus de modification des routines engage l'organisation *« à apprendre à apprendre »*, donc à accroître sa capacité à mener des enquêtes organisationnelles afin de faire disparaître les erreurs et les incohérences qui apparaissent normalement quand le système organisation/environnement se transforme.

Ce chapitre était consacré au mouvement des relations humaines qui s'est finalement développé assez tôt dans les entreprises industrielles à partir des années 30. À partir de cette période, le regard porté sur les organisations change de nature. Ce courant s'intéresse alors aux dimensions affectives, émotionnelle et relationnelle des situations de travail ainsi qu'à la complexité des motivations humaines. Le courant des relations humaines va aussi s'enrichir progressivement de l'analyse des groupes restreints et des formes de pouvoir en leur sein en particulier à partir des travaux élaborés sur le leadership. Dans la perspective de ces différents travaux de recherche, de nombreux auteurs ont cherché à donner à l'organisation une dimension humaine.

À partir de 1960 par exemple, Chris Argyris souhaite accroître les responsabilités des salariés et formule l'idée que l'homme cherche à donner un sens à sa vie et qu'il le fait au travers de l'action. L'approche des relations humaines a également connu d'autres prolongements dans les années 50 et 60 au Tavistock Institute of Human Relations de Londres, comme cela sera développé dans le chapitre suivant. Malgré ses apports féconds et abondants, le mouvement des relations humaines sera particulièrement critiqué aux États-Unis et en France à partir des années 60. Pour l'essentiel, on lui reproche son manque d'adaptation au contexte de la crise économique mais aussi d'être trop « psychologisant » en matière d'analyse des organisations. Les travaux de recherche s'orienteront alors vers l'analyse de la structuration interne des organisations.

# Chapitre 3

## Les théories managériales des organisations

Les organisations sont influencées par leur environnement socio-économique. Un tel constat a été le point de départ de très nombreuses recherches, dont certaines ont eu l'ambition de créer une véritable science des organisations, établissant des lois complexes reliant un état de l'environnement donné avec les structures des organisations. On peut distinguer plusieurs facteurs de l'environnement présentés comme exerçant une influence sur les organisations dans une approche que l'on appelle l'école de la contingence.

La contingence est un concept clé en matière d'analyse des organisations et se définit comme une situation spécifique et évolutive qui conduit à rejeter des prescriptions uniques et standards. Pour les organisations, cette contingence est structurelle car les changements dans les variables externes (technologies, marchés, etc.) provoquent des évolutions dans la structure des organisations.

Au-delà même de cette contingence, d'autres recherches établissent un parallèle biologique et considèrent que les organisations, comme les espèces, croissent et disparaissent selon certaines lois. La volonté de la plupart de ces recherches est de mesurer l'influence de variables d'environnement sur les caractéristiques des organisations.

En 1970, un groupe de chercheurs britanniques, le groupe Aston, a identifié les cinq dimensions clés d'une organisation :

– le degré de spécialisation de la structure,

– le degré de standardisation du travail,
– le degré de formalisation du fonctionnement,
– le degré de centralisation des décisions,
– la configuration de l'organisation.

Inspirés par ces recherches britaniques, la plupart des travaux présentés dans ce chapitre portent sur la relation environnement/structure d'entreprise et permettent ainsi d'identifier des configurations organisationnelles.

# I. LES THÉORIES DE LA CONTINGENCE STRUCTURELLE

## 1. Les recherches et les apports de Burns et Stalker

À partir de 1963, T. Burns et G. Stalker étudient l'impact de l'environnement sur le fonctionnement de vingt firmes en Grande-Bretagne. Les résultats de leurs travaux seront publiés en 1966 dans un ouvrage précurseur du courant de la contingence : *The Management of Innovation*. Leurs recherches montrent que la structure d'une organisation dépend de facteurs externes, en particulier de l'incertitude et de la complexité de l'environnement dont la mesure se fait à partir des taux de changement de la technologie et du marché. Burns et Stalker suggèrent de distinguer deux types d'organisation et de structures d'entreprises : les organisations mécanistes adaptées à des environnements stables et les organisations organiques liées à des environnements plus instables.

**• Les structures mécanistes**

Selon Burns et Stalker, les structures mécanistes sont complexes, formalisées et centralisées. Elles réalisent des tâches de routine et d'exécution, recourent massivement à la programmation des comportements et ont un potentiel limité pour répondre aux situations qui ne leur sont pas familières. Le travail est rationalisé, spécialisé, standardisé et la résolution des conflits s'effectue par la voie hiérarchique. Les décisions se prennent au sommet de la structure et la communication se fait sous forme de directives. Le prestige et la valorisation des individus sont essentiellement liés au statut social de chaque personne et au système de qualification (ingénieur, informaticien, etc.). Finalement, l'organisation mécaniste est une organisation de type bureaucratique comparable à celle déjà décrite par M. Weber au premier chapitre.

- **Les structures organiques**

Celles-ci sont plus flexibles et adaptatives que les précédentes. Les communications latérales sont essentielles, l'influence et le système d'autorité sont davantage basés sur l'expertise et les connaissances plutôt que sur l'autorité de la position hiérarchique. Les responsabilités sont définies de manière assez large et la communication est basée sur l'échange d'informations plutôt que sur des directives.

Au sein de ce type d'organisation, on observe une faible spécialisation et standardisation du travail et un système de résolution des conflits davantage basé sur des échanges. Le système de prise de décision et d'autorité est plus décentralisé puisque les décisions doivent être prises sur le lieu où se trouvent les compétences et l'action collective. Le mode de communication est orienté sur la recherche de coopération et vise à apporter des informations et des conseils aux personnes concernées. Enfin, la valorisation et le prestige au sein de ce type de structure sont liés à la contribution personnelle et à la loyauté de tout un chacun à un groupe et à un projet.

À travers ces recherches sur la structure des organisations, Burns et Stalker ne considèrent pas pour autant qu'un type d'organisation soit supérieur à l'autre mais que la structure mécaniste est mieux adaptée aux environnements stables et que la structure organique l'est concernant les environnements instables. Les chercheurs précisent aussi que la plupart des organisations ne sont ni totalement mécanistes, ni totalement organiques mais tendent à se situer vers un pôle ou l'autre. Ils insistent en particulier sur l'idée que des problèmes de fonctionnement et de compétitivité peuvent apparaître lorsqu'une organisation a adopté une structure inadaptée à son environnement ou lorsque son environnement change. Ces travaux indiquent aussi qu'il existe bien une dynamique des structures organisationnelles liées aux évolutions et aux mutations de l'environnement socio-économique.

## 2. Les travaux de Lawrence et Lorsch et la théorie de la contingence

Dans la mouvance des recherches sur la relation environnement/structure, les travaux de Paul Lawrence et Jay Lorsch (1967) méritent une attention particulière. Professeurs d'organisation à l'Université de Harvard, ils ont créé les fondements de la théorie de la contingence structurelle publiés dans un ouvrage de référence en 1967 et traduit en français *Adapter les structures de l'entreprise*.

Ils cherchent à démontrer que le degré d'instabilité de l'environnement scientifique, technologique, économique et commercial joue un rôle important sur la structuration des organisations. Leur approche est basée sur l'étude de dix firmes dans trois secteurs d'activité. Les industries étudiées présentaient des environnements très divers. Ils se sont efforçés de savoir quelles sortes d'organisations sont nécessaires pour faire face aux différents environnements de la firme. Ils considèrent aussi que les travaux précédents des théoriciens des organisations (l'école classique et celle des relations humaines) ne résolvent pas le problème de la conception, que les Anglo-Saxons appellent le *design*, des structures d'organisation.

Ils vont donc s'efforcer d'analyser l'incertitude de l'environnement d'une organisation et sa structure interne : plus fort est le degré de certitude d'un sous-environnement (technologique, concurrentiel, etc.), plus formalisée devra être la structure. La démarche de Lawrence et Lorsch est fondée sur deux concepts clés pour analyser les organisations : la différenciation et l'intégration.

- **La différenciation de l'organisation**

Elle désigne le degré de différence de comportement et de fonctionnement qu'elle va adopter en son sein pour répondre aux demandes de l'environnement. Cette analyse montre que plus l'environnement est instable, plus l'entreprise se différencie. Cette différenciation conduit à un état de segmentation de l'organisation en sous-systèmes relativement autonomes quant à leur fonctionnement.

- **L'intégration dans l'organisation**

Il s'agit d'un processus destiné à instaurer une unité d'efforts entre les différentes attitudes au sein de l'entreprise et entre les unités de travail distinctes. L'intégration s'intéresse à tout le cycle complet de transformation des matières premières en produits, incluant la création, la production et la distribution de biens et de services. Lawrence et Lorsch observent que plus les unités de travail sont différenciées pour satisfaire leur environnement, plus il y aura besoin d'intégration. L'entreprise devra ainsi trouver les solutions adaptées à son degré de différenciation par l'intermédiaire par exemple d'une fonction de liaison et de coordination. Par contre, les firmes situées en environnement stable sont généralement faiblement différenciées. *A contrario*, plus l'environnement est turbulent, complexe, incertain et divers, plus les organisations doivent être différenciées sur le plan interne en départements. Dès lors qu'il y a une diversité de départements de travail, l'entreprise a besoin de mécanismes d'intégration internes importants pour coordonner leur action.

Les travaux de recherche de Lawrence et Lorsch ont eu un énorme retentissement, car ils ont le mérite de démontrer ce que beaucoup de praticiens sentaient intuitivement. Une forme d'organisation est bien contingente à des données externes et internes qui peuvent varier mais elle n'est pas homogène et à un moment donné, l'environnement peut présenter des facettes différentes à divers parties ou départements de la structure. Ces conclusions sont proches de celles de Burns et Stalker pour qui les organisations organiques sont plus différenciées, car elles sont plus flexibles, moins formalisées et hiérarchisées mais elles ont besoin d'importants mécanismes de coordination pour assurer une unité d'effort et une cohésion globale de l'action collective. À l'inverse, les organisations mécanistes sont plus hiérarchisées, moins différenciées et nécessitent moins de mécanismes d'intégration. Au-delà même de ces conclusions, les travaux de Laurence et Lorsch ont ouvert trois grandes orientations et perspectives d'actions :

– en premier lieu, cette approche conduit à la reconnaissance de différences souhaitables de comportements organisation-

nels, de structures et de modes de fonctionnement entre unités de travail ou départements ;
– en second lieu, les résultats de ces recherches montrent l'importance accordée aux processus d'intégration des hommes. Cela conduit à de nouvelles réflexions sur les moyens d'intégration et sur les mécanismes à mettre en place. Les fonctions de chef de projet, les structures dites matricielles orientées vers la conduite de projet correspondent largement à ce besoin ;
– enfin, il s'agit aussi de la reconnaissance du fait que les modes d'intégration ne se font pas de la même manière selon les secteurs d'activité. En pratique, l'intégration doit souvent être réalisée autour de la fonction primordiale comme par exemple la recherche-développement ou encore à partir de la culture de l'entreprise.

En définitive, Lawrence et Lorsch ont élaboré une théorie relativiste qui explique la contingence des structures d'entreprises au degré de variation de l'environnement scientifique, concurrentiel et technico-économique.

## 3. J. Woodward et l'impact de la technologie sur la structure des organisations

Professeur à l'Université de Londres, Joan Woodward (1916-1971) créa un cours de management du personnel à Oxford. Entre 1953 et 1957, elle a réalisé une recherche importante auprès de 100 firmes qui lui a permis de conclure que ce sont les similitudes des systèmes technologiques et de production qui permettent d'expliquer les similitudes d'organisation des entreprises. Les résultats de ces travaux sont publiés dans un ouvrage paru en 1965 : *Industrial Organization. Theory and Practice*.

Woodward observe que ce sont les différences de technologie développées qui expliquent les différences organisationnelles et non pas la taille des entreprises, leur histoire ou même leur branche industrielle. En d'autres termes, les entreprises ayant des systèmes de production semblables ont globalement des modes d'organisation semblables. À travers ses recherches, elle distingue trois modes d'organisation de la production à travers la technologie.

- **La production unitaire ou de petites séries**

Il s'agit d'une production d'unité spécifique à chaque client, de prototypes, de petites séries spécifiques, etc. Elle s'exerce au sein d'entreprises flexibles au sein desquelles la communication est informelle et le poids de la hiérarchie relatif.

- **La production en grande série**

Pour l'essentiel, cela désigne le mode de production de masse fordiste. La structure organisationnelle est plus hiérarchisée et le taux d'encadrement plus élevé.

- **Le processus continu de production**

Il s'agit d'une production continue de gaz, de liquides, de produits chimiques, généralement dans des usines polyvalentes. L'organisation repose sur des relations de travail horizontales, fondées sur la compétence et l'expertise et un fonctionnement par projet.

L'étude des rapports entre l'organisation et la technologie permet d'aboutir à quelques conclusions. La production unitaire repose sur une ligne hiérarchique très réduite, un faible contrôle du travail et un enrichissement du travail pour l'ouvrier. La production de masse privilégie la fonction de production et vise à développer des économies d'échelle permettant de réduire les coûts unitaires de fabrication. Enfin, la production en continue nécessite un management par projets ce qui implique la maîtrise de compétences managériales et d'animation d'équipes de travail. Par ailleurs, les travaux de Woodward montrent que, suivant le mode d'organisation de la production adopté, les entreprises vont privilégier une fonction prépondérante.

La production de petites séries implique de placer au premier plan la fonction marketing puisque c'est le client qui définit le produit. La production de grandes séries place la fonction de production et les ingénieurs véritablement au cœur de l'organisation. Le processus de production en continu conduit à privilégier une approche produits puisqu'ils vont déterminer la mise en place d'une organisation par processus et par projets.

En définitive, les travaux de Joan Woodward, une des rares théoriciennes des organisations, s'inscrivent dans la lignée de la théorie de la contingence structurelle. Elle développe bien l'idée que l'on ne peut pas dire qu'il existe une structure qui soit la plus performante pour toutes les organisations.

## 4. A. Chandler et l'histoire des entreprises

Alfred D. Chandler, né en 1918, est depuis 1971 professeur d'histoire du management à l'Université de Harvard. Il a étudié l'histoire des plus grandes et des plus puissantes compagnies américaines entre 1850 et 1920. Il en déduit que les changements de stratégies précèdent et sont les causes des changements de structures d'entreprises.

La thèse qu'il développe est que la stratégie de l'organisation détermine sa structure puisqu'il montre que les entreprises qui offrent une gamme et une quantité limitée de produits étaient à l'origine des structures centralisées. Les stratégies de croissance et de diversification ont donné naissance aux structures divisionnalisées.

Dans son ouvrage fondamental, *Stratégie et Structure de l'entreprise* (1962), il considère qu'il est important que les entreprises mettent en œuvre une logique de planification stratégique avant la construction de la structure organisationnelle. La théorie de Chandler a contribué à une restructuration générale des grandes entreprises américaines en organisation en départements, cette organisation devenant une norme de structure pour les firmes fabricant de nombreux produits pour des marchés multiples. Sa principale contribution à la théorie des organisations est d'avoir expliqué les relations entre la stratégie et la structure des entreprises. Il fut le premier théoricien à indiquer l'importance du principe de décentralisation dans une grande compagnie et pose l'idée de la nécessaire coordination de la planification stratégique pour favoriser la croissance, tout en donnant la possibilité aux unités opérationnelles et aux divisions d'appliquer des tactiques quotidiennement.

L'approche de Chandler s'inscrit dans le courant de la contingence, car il part du principe que les évolutions de l'environnement des firmes conduisent les entreprises à se transformer en grandes organisations hiérarchisées et divisionnalisées. La stratégie est envisagée comme la détermination des buts et des objectifs à moyen et long termes à atteindre, les moyens d'action et les ressources allouées. La structure correspond à la façon dont l'organisation est assemblée pour appliquer la stratégie adoptée. Au total, son apport est de dire que la stratégie doit déterminer les choix structurels des dirigeants pour une plus grande efficacité et l'amélioration des performances à long terme.

## II. L'APPROCHE SOCIO-TECHNIQUE DES ORGANISATIONS

### 1. Les fondements de l'école socio-technique

La théorie sociotechnique de l'entreprise est née de la rencontre de trois grands courants de pensée : la psychologie industrielle, la sociologie du travail et les sciences de l'ingénieur. À partir des années 50, F. Emery et E. Trist réalisent des recherches au Tavistok Institute de Londres et fondent la théorie sociotechnique de l'organisation.

En 1969, F. Emery publie un ouvrage de synthèse intitulé *Systems Thinking*. Cette école est influencée par les travaux menés pendant la Seconde Guerre mondiale par des psychosociologues chargés d'analyser les composantes du moral des armées allemandes, en particulier avant le débarquement du 6 juin 1944. Ces observations placent au premier plan le rôle du petit groupe, cellule de base de l'organisation de l'armée allemande. Simultanément, les chercheurs du Tavistok Institute sont également influencés par les résultats de l'équipe d'Elton Mayo et l'école des relations humaines. Conformément à ces influences théoriques, les travaux des chercheurs londoniens mettent l'accent sur le rôle des groupes restreints, des équipes de travail et sur l'interdépendance des facteurs techniques et humains dans le travail.

Les recherches de Emery et Trist démontrent que l'entreprise est un système sociotechnique. L'organisation est envisagée comme un système ouvert, composée d'un système technique et d'un système social. Son efficacité dépend de l'optimisation conjointe des dimensions technique et sociale. L'approche sociotechnique dépasse les visions du travail industriel de Taylor et Mayo car elle soutient l'idée qu'il peut exister plusieurs manières de s'organiser, parmi lesquelles certaines s'appuient sur des combinaisons socio-productives plus efficientes que d'autres. La conception sociotechnique tend donc à optimiser conjointement ces deux systèmes, dans la conception des équipements, l'organisation de la production et la structure d'entreprise. Elle conduit à un réel bouleversement des pratiques de management courantes et elle constitue une véritable approche globale de l'entreprise.

## 2. Les expériences de Emery et Trist du Tavistok Institute de Londres

L'équipe de recherche réalise une expérience sur le fonctionnement des mines de charbon britanniques. Dans ce contexte, de nouvelles machines sont introduites dans le travail ce qui doit multiplier par deux la production de charbon en théorie.

Or, la production a sensiblement baissé, en particulier au sein d'une équipe de travail. Les chercheurs observent le fonctionnement de deux équipes de travail structurées et organisées différemment. Au sein de la première équipe, le fonctionnement est organisé à partir des principes de management édictés par Taylor. Les salariés expriment beaucoup d'insatisfaction et de nombreux conflits avec les agents de maîtrise se posent. L'absentéisme est également important dans cette équipe. Au sein de la deuxième équipe, qui dispose des mêmes moyens que la première, l'organisation du travail est différente puisqu'elle repose sur un élargissement et un enrichissement du travail. L'activité des salariés leur donne une vision plus globale de la production et l'équipe de travail est encouragée collectivement par des objectifs de production à atteindre.

Finalement, il semble que ce soient les paramètres de fonctionnement du groupe de travail qui exercent une influencent positive sur les salariés, c'est-à-dire la notion d'équipe et l'entraide. Devant les dysfonctionnements observés concernant la première équipe de travail, les chercheurs ont proposé de généraliser la recomposition du travail : chaque groupe devra réaliser la totalité des tâches à effectuer à partir d'objectifs de production. Une prime globale de productivité sera distribuée dès l'achèvement de tous les travaux du cycle de production. La mise en œuvre de cette expérience et d'un tel projet constituent la première expérience de travail en équipes semi-autonomes.

Les travaux du Tavistock Institute de Londres sont à l'origine des nombreuses expériences industrielles d'organisation du travail en groupes semi-autonomes à partir des années 1970, qualifiées souvent comme de Nouvelles formes d'organisation du travail (NFOT). Ces équipes sont constituées par des groupes de salariés sans responsable hiérarchique, chargées de réaliser la production de tout ou partie d'un produit, en ayant la responsabilité d'organiser et de répartir en son sein le travail.

L'exemple le plus significatif, est celui de l'entreprise Volvo qui donna naissance à ce que l'on a appelé le modèle suédois d'organisation du travail, par opposition au modèle américain fordiste. En définitive, la théorie sociotechnique montre que, pour une technologie donnée, il peut exister plusieurs organisations possibles de la production, et non pas une seule comme le préconisaient Taylor et Ford. Cette école de pensée s'appuie également sur une plus grande expression et participation des salariés dans l'entreprise que celle envisagée par Mayo et le mouvement des relations humaines.

## III. LA THÉORIE DE LA DÉCISION

La décision est la partie la plus intangible d'une politique générale d'entreprise ou d'une organisation. Elle constitue pourtant l'une de ses principales ressources puisqu'à travers elle la vision, les idées et les projets des personnes peuvent se transformer en actions stratégiques. La décision stratégique peut être définie comme un processus par lequel une entreprise passe d'une position stratégique à une autre. La décision constitue bien un choix en termes de stratégie, de structure ou de management d'entreprise. On peut distinguer trois conceptions fondamentales de la prise de décision dans les organisations : le modèle décisionnel classique, le modèle organisationnel développé par H.A. Simon et le modèle politique. Chaque modèle repose sur plusieurs théories de la décision qui seront explicitées.

## 1. Le modèle décisionnel classique

Il s'agit de l'approche de la prise de décision développée par l'économie classique au sein de laquelle l'homme effectue des choix rationnels. La décision est assimilée au raisonnement d'un acteur unique qui cherche à maximiser ses fins avec les moyens dont il dispose. Cette logique de rationalité conduit l'acteur à examiner toutes les possibilités d'actions susceptibles de lui permettre d'atteindre ses objectifs. Dans cette perspective, les objectifs sont clairement et précisément définis, les préférences sont stables et exhaustives. Le décideur effectue le choix de la solution qui va maximiser son résultat. Il est bien à la recherche de l'optimum, c'est-à-dire de la solution optimale. Les entreprises américaines ont longtemps utilisé implicitement ce modèle en particulier dans un certain nombre de cas.

En premier lieu, cette approche de la prise de décision a longtemps été privilégiée concernant les choix des investissements. En effet, la procédure de choix des investissements telle qu'elle est formulée par les spécialistes de la gestion financière se découpe en trois phases : la détermination des objectifs prioritaires de la politique d'investissements en fonction de la stratégie, l'évaluation de chaque projet d'investissements et le choix d'un projet. En second lieu, le modèle dit de Harvard de formulation de la stratégie d'une entreprise élaboré par les professeurs Learned, Christensen, Andrews et Guth (1969) repose sur cette conception de la prise de décision. Le modèle de Harvard considère la firme comme un système qui agit comme un acteur parfaitement rationnel.

L'approche consiste en une double analyse de l'environnement de la firme et de ses ressources internes pour dégager, dans un premier temps, des facteurs clés de succès et des compétences distinctives. Dans cette optique, l'analyse des opportunités et des contraintes de l'environnement et des forces et faiblesses internes à l'organisation permet de déterminer un ensemble de possibilités d'actions stratégiques. Dans un second temps, ces possibilités, elles-mêmes confrontées aux valeurs personnelles des dirigeants et à leur conception de leurs responsabilités sociales, permettront d'élaborer une stratégie d'entreprise à partir de laquelle sera élaboré un programme d'actions à entreprendre.

Au total, cette approche de la stratégie peut être découpée en quatre séquences : diagnostic du problème, repérage et explicitation de toutes les actions possibles, évaluation de chaque éventualité par des critères dérivés des objectifs et des préférences et choix de la solution qui maximise le résultat. Ces modèles rationnels de prise de décision stratégique ou financière, tel qu'ils ont été formulés à l'Université de Harvard, reposent sur un certain nombre de postulats implicites parfois illusoires en pratique :

– le décideur a des préférences claires et reste seul à décider des objectifs à atteindre ;

– il dispose d'une information parfaite sur son environnement et sur les conséquences de ses choix. Le coût d'accès à l'information est donc considéré comme négligeable ;

– la décision précède l'action et aucune décision en provenance de l'action stratégique n'est, a priori, prise en considération ;

– suivant cette conception, le changement du système ne dépend que de la volonté délibérée d'un décideur unique et rationnel.

Cette approche de la prise de décision en management suppose que celle-ci soit l'adaptation logique et simultanée d'un acteur unique doté de préférences cohérentes et stables à des événements extérieurs. Le modèle n'envisage pas l'existence de conflits d'intérêts et de pouvoir dans les organisations ainsi que les stratégies des individus et des groupes par rapport aux événements. En réalité, l'analyse de décisions stratégiques prises par de grands groupes industriels montre que les principes sous-jacents à cette approche rationnelle sont souvent infirmés par les faits.

## 2. H.A. Simon et la théorie de la rationalité limitée

Né en 1916 dans le Wisconsin aux États-Unis, Herbert A. Simon fait ses études à l'Université de Chicago, s'intéresse très tôt aux problèmes relatifs aux sciences économiques et politiques et s'occupe aussi des questions soulevées par la gestion municipale. Professeur d'administration et de psychologie à l'Université de Pittsburg, il exerce de nombreuses activités de conseil auprès de plusieurs organisations. Le sujet de sa thèse de doctorat consacré à des recherches sur la mesure des activités administratives deviendra son premier grand livre publié en 1945 et intitulé *Administrative Behavior, a Study of Decision-Making Processes in Administrative Organization*, lui vaudra le prix Nobel de sciences économiques en 1978.

Son œuvre consacrée à la théorie des organisations et à la prise décision est aujourd'hui considérée comme majeure par tous les spécialistes du management. À propos de la théorie de la décision, Simon va s'opposer au postulat de rationalité parfaite développé par les chercheurs de Harvard et propose le concept de rationalité limitée ou rationalité procédurale pour analyser le comportement organisationnel et la prise de décision. Cette approche se situe bien à l'opposé de la démarche rationnelle, puisque l'organisation est envisagée comme un système composé par de multiples acteurs qui évoluent en situation de rationalité limitée. Plus réaliste que le précédent, ce modèle part de l'observation des comportements humains et correspond à une analyse cognitive du décideur. Suivant la pensée de Simon, le décideur présente trois grandes caractéristiques :

– le décideur n'a pas une vision globale de l'environnement de l'entreprise et ne peut pas traiter la totalité de l'information disponible ;
– l'homme n'a pas de préférences claires, hiérarchisées mais plutôt des aspirations variables selon les moments ;
– le décideur ne cherche pas à maximiser les conséquences de ses choix mais est plutôt en quête d'un certain niveau de satisfaction. Pour Simon, l'optimum est une utopie.

Dans ce modèle de prise de décision, le concept de rationalité limitée est central. Herbert A. Simon remet fortement en cause l'idée d'optimum dans la prise de décision et montre, à travers des recherches empiriques, que ce qui déclenche fréquemment la décision, ce sont des problèmes organisationnels. Dans ce sens, si un problème connu se pose, le décideur va appliquer à celui-ci le processus qu'il connaît pour tenter de le résoudre. Si le problème n'est pas connu, l'acteur va alors chercher à voir s'il ne peut pas le rapprocher d'un autre problème de manière à lui appliquer une solution routinière par proximité. C'est seulement s'il n'y parvient pas que le décideur cherchera une solution nouvelle ce qui est relativement peu fréquent en pratique. Finalement, Simon démontre que les processus de résolution de problèmes obéissent à des solutions satisfaisantes et, en aucun cas, à des solutions optimales. En outre, les travaux de Simon indiquent que le décideur est fortement influencé par son environnement organisationnel, par des règles de gestion propres à l'entreprise et par des jeux d'influence au sein de la hiérarchie organisationnelle.

La prise de décision dans le modèle organisationnel élaboré par Simon, peut être définie comme une situation de rationalité limitée par une recherche d'un niveau minimum de satisfaction dans un cadre organisationnel contraignant. Cependant, si cette approche présente l'avantage d'être pragmatique, elle est discutable sur trois points.

En premier lieu, le modèle n'envisage pas suffisamment les solutions innovantes ou les décisions de rupture qui peuvent parfois se produire. En second lieu, il ne montre pas dans quelle mesure le processus de négociation et d'influence dans l'organisation détermine la prise de décision. Enfin, les jeux d'acteurs dans l'organisation ne sont pas suffisamment envisagés comme de véritables jeux de pouvoir ayant souvent un impact déterminant sur les décisions qui seront prises.

## 3. C. Linblom et le modèle politique

Le politologue Charles Lindblom (1959) propose un modèle d'analyse de la prise de décision qui, selon lui, est bien plus employé que les précédents que la méthode rationnelle. Son approche est construite autour des intérêts propres aux différents acteurs d'une organisation. Ces derniers sont tous dotés d'intérêts et d'objectifs propres et contrôlent différentes ressources telles que l'autorité, le statut, les idées, les informations, le temps, etc. La conception de Lindblom suppose que les décisions sont prises par des acteurs relativement indépendants pouvant avoir des intérêts divergeants. Les acteurs négocient donc entre eux des solutions pour lesquelles ils analysent les avantages et les inconvénients. Cela revient à dire qu'ils se mettent d'accord sur de petites décisions négociées sans nécessairement être en phase sur de grands objectifs.

On peut penser que cette approche de la décision est relativement pessimiste, voire médiocre, mais face à des problèmes complexes, on ne peut procéder que par tâtonnements. Les décisions mises en œuvre correspondent ainsi à de petites décisions très opérationnelles et ne sont que très rarement des décisions de rupture. Ce modèle politique de la prise de décision est qualifié d'incrémentaliste par les théoriciens de l'organisation car le choix des actions se fait suivant une stratégie de petits pas, où l'on évite avant tout les bouleversements et les changements radicaux. Les décideurs procèdent par petites décisions en tenant compte des objectifs contradictoires des acteurs de l'organisation et des jeux de pouvoir et d'influence.

Cependant, si ce modèle politique semble réaliste, il présente un certain nombre de limites. En effet, si l'apport de cette conception de la décision est d'attirer l'attention sur les relations de pouvoir, elle tend à masquer le fait que les règles et les structures, dans le cadre desquelles s'exercent les jeux d'acteurs, sont aussi des instruments de pouvoir. Le modèle politique néglige également l'existence d'éléments qui dépassent les jeux et les stratégies d'acteurs : la culture de l'organisation, les valeurs communes, le projet et l'identité organisationnelle.

En définitive, l'intérêt des différentes approches de la prise de décision réside dans l'idée que l'évolution des modèles indique que l'on est passé progressivement d'une conception purement rationnelle à des modèles plus sociaux incluant le poids des acteurs et les rapports de pouvoir ainsi que le rôle souvent capital des structures organisationnelles.

# IV. LES NOUVELLES THÉORIES ÉCONOMIQUES DE L'ENTREPRISE

Dans la théorie économique, l'entreprise n'a occupé qu'une place marginale jusqu'à une date récente. Historiquement, la science économique a toujours eu des difficultés à appréhender les organisations et a dû, pour y parvenir, abandonner progressivement les postulats de l'économie classique. En effet, la vision de la firme, par exemple dans la théorie de l'équilibre général en économie, est réduite à peu de chose : elle est assimilée à un agent individuel, sans prise en considération de son organisation interne, ni de ses ressources propres. Longtemps, la science économique a considéré l'entreprise comme une boîte noire et n'a disposé pour penser le comportement des entreprises, que d'un modèle unique : la maximisation des profits, c'est-à-dire, l'utilisation optimale du capital technique et des hommes pour en tirer le meilleur bénéfice. Cela correspond au modèle largement répandu dans les manuels d'économie qualifié d'approche néoclassique.

Cependant, un certain nombre de travaux d'économistes (B. Coriat, O. Weinstein, 1995) s'accordent à dire que cette approche uniforme ne rend pas compte de conduites organisationnelles plus complexes.

## 1. La firme comme nœud de contrats

Une des premières analyses majeures de l'entreprise moderne réalisée par des économistes est celle de Adolf Berle et Gardiner Means qui vont considérer la firme comme un nœud de contrats. En 1932, ils publient un ouvrage remarqué et intitulé *L'Entreprise moderne et la propriété privée*. L'idée centrale de l'ouvrage est que le développement de la société par actions génère la séparation de la propriété et du contrôle de l'entreprise. Le pouvoir décisionnel passe donc des actionnaires, propriétaires de l'entreprise, à des managers en charge de sa gestion.

- **L'approche de Berle et Means**

La théorie de l'entreprise de Berle et Means s'articule à partir de l'idée que le comportement de la firme peut s'analyser en comprenant les rapports entre différents groupes aux intérêts propres : actionnaires, dirigeants, salariés ou encore fournisseurs de crédit. Suivant Berle et Means, il est fondamental de chercher à comprendre qui contrôle effectivement l'entreprise et de quelle manière. Dans leurs travaux précurseurs en matière de gouvernement des entreprises, ils montrent que le système de la grande société par actions et les marchés financiers, jouent un rôle essentiel dans la structuration de la firme.

- **La théorie de Cyert et March**

En 1963, R.M. Cyert et J.G. March publient un ouvrage intitulé *A Behaviourial Theory of the Firm*. Ils sont parmi les premiers à poser la firme en tant qu'organisation complexe, constituée de groupes d'acteurs aux intérêts divers, qui se trouvent dans des rapports simultanés de coopération et de conflits.

Cyert et March posent également l'idée novatrice alors, que l'entreprise peut être appréhendée comme un lieu d'apprentissage collectif. Ils montrent comment la présence de routines organisationnelles contribue à soulager les membres de l'entreprise qui peuvent, dès lors, consacrer leur attention au traitement de problèmes inattendus.

Finalement, cet ouvrage est majeur, puisqu'il soulève deux dimensions clés autour desquelles vont s'élaborer les théories de la firme : d'une part, l'étude des modes de gestion des conflits individuels, et d'autre part, les conditions de constitution d'une capacité collective à produire.

## 2. La théorie de la nature de la firme de R. Coase

À partir des années 1970, le développement de la théorie économique de l'entreprise va connaître un nouvel élan avec la redécouverte d'un célèbre article de Ronald Coase datant de 1937 : *The Nature of the Firm*.

Dans ses analyses, Coase soulève la question centrale de la nature de la firme : pourquoi existe-t-elle ? Sa thèse réside dans l'idée que l'entreprise constitue un mode de coordination économique alternatif au marché.

En effet, la coordination sur le marché des agents est assurée par le système des prix alors que la coordination au sein d'une organisation s'effectue à partir de la hiérarchie. Le recours à la firme et à la coordination par la hiérarchie n'est utile que dans la mesure où la coordination par le marché et les prix génère des coûts supplémentaires. Ces coûts seront dénommés, plus tardivement, les coûts de transaction par l'économiste Oliver Williamson (1975).

Lorsque ces coûts semblent supérieurs aux coûts d'organisation interne à l'entreprise, la coordination par la hiérarchie organisationnelle s'impose. La pensée de Ronald Coase attire l'attention sur le fait que marché et firme constituent deux modes de coordination profondément différents. Ses travaux posent les fondements de la vision contractuelle de l'entreprise, puisqu'il analyse la firme comme un système de relations contractuelles spécifiques entre agents, un nœud de contrats. Il souligne également, et cela est essentiel, le fait que l'entreprise se caractérise par l'existence d'un pouvoir d'autorité en tant que moyen de coordination, la hiérarchie.

Finalement, les apports de Coase à l'analyse de la firme résident dans l'idée qu'il est primordial d'élaborer un système contractuel efficient, tenant compte des contraintes techniques auxquelles sont soumis les agents ainsi que de la nature des informations détenues par ceux-ci en vue d'une plus grande convergence d'intérêts.

## 3. La théorie des coûts de transaction de O. Williamson

L'apport de Oliver Williamson se situe directement dans le prolongement de Coase. En 1975 est publié un ouvrage de Williamson intitulé : *Market and Hierarchies : Analysis and Antitrust Implications.* Il part de la théorie de la rationalité limitée de Simon et, en conséquence, souligne que les contrats sont par essence incomplets, puisqu'ils ne peuvent pas envisager toutes les éventualités possibles. L'incomplétude de ces contrats donne une marge de manœuvre aux acteurs et favorise les comportements de type opportuniste.

Williamson démontre que les choix organisationnels peuvent contribuer à éviter les comportements opportunistes. Selon la théorie des coûts de transaction qu'il a élaborée, la coordination dans l'entreprise est préférable à celle par le marché, dans la mesure où la hiérarchie permet de limiter ces comportements opportunistes.

Au total, le choix entre marché et hiérarchie repose sur un arbitrage entre les forces incitatives du marché, et l'adaptabilité qu'apporte le pouvoir discrétionnaire de la hiérarchie.

Dans ses travaux, Williamson insiste également sur l'importance des formes hybrides d'organisation de l'entreprise, empruntant aux mécanismes du marché et à ceux de la hiérarchie : alliances, réseaux d'entreprises, franchises, *joint-ventures*, etc. Ces nouvelles formes d'organisation, qui sont en quelque sorte des associations d'entreprises, ont contribué à replacer au cœur des raisonnements la théorie des coûts de transactions. Celle-ci interroge la relation d'emploi dans l'entreprise et ses avantages, le recours à la sous-traitance, l'intégration de telle ou telle activité, etc.

## 4. La théorie des droits de propriété et la théorie de l'agence

### • Les droits de propriété

La théorie des droits de propriété, développée par Armen Alchian et Harold Demsetz (1972), pose l'idée que l'entreprise est caractérisée par une structure particulière de droits de propriété définis par un ensemble de contrats. Un système de propriété efficace doit permettre de profiter des avantages de la spécialisation et assurer un système efficace d'incitation. Pour ces auteurs, l'entreprise individuelle capitaliste constitue la forme d'organisation la plus efficiente, quand la technologie impose le travail en équipe. La théorie de l'agence complète celle des droits de propriété. Elle cherche la détermination de contrats incitatifs adaptés aux situations les plus diverses.

### • La théorie de l'agence

Dans un article célèbre exposant les fondements de la théorie de l'agence, Michaël Jensen et William Meckling (1976) ont proposé de démontrer l'efficience des formes organisationnelles.

À partir de cette théorie, de nombreuses analyses se sont développées sur le gouvernement des entreprises. Inspirée par l'économie libérale, cette vision repose sur l'idée qu'il n'y a au sein de la firme que des rapports libres contractuels et qu'il n'y a pas lieu d'opposer la firme au marché, puisqu'elle n'est pas très différente de ce dernier. La firme est envisagée comme un marché privé et le contrat de travail, suivant cette théorie, est appréhendé comme un contrat commercial. On parle de relation d'agence quand une entreprise ou une personne confie la gestion de ses intérêts à un tiers. Jensen et Meckling définissent une relation d'agence comme un contrat par lequel une ou plusieurs personnes engagent un agent, pour exécuter en son nom une tâche quelconque qui implique une délégation d'un certain pouvoir de décision à l'agent. La théorie de l'agence envisage la possibilité d'une divergence entre le principal et l'agent, et part du principe que l'agent dispose d'informations que ne possède pas le principal. Cette théorie est couramment illustrée par la relation d'agence entre propriétaires du capital, les actionnaires, et les dirigeants de l'entreprise, les managers. Les différents travaux présentés convergent tous vers l'idée que l'entreprise a une dimension contractuelle fondamentale à gérer puisque les acteurs peuvent avoir des intérêts divergents. Pour autant, la firme doit aussi produire des richesses et innover dans une perspective de compétitivité.

## 5. Les approches évolutionnistes de la firme

- **La théorie évolutionniste**

Depuis quelques années, les théories de la firme fondées sur les compétences se développent. La théorie évolutionniste de la firme, développée par Sidney Winter et Richard Nelson en 1985, s'inscrit dans cette perspective.

L'école évolutionniste part du principe que le moteur de l'entreprise n'est pas constitué par le profit mais par sa volonté biologique de survie, comme tout être vivant dans la théorie darwinienne de l'évolution des espèces. Il suggère donc d'étudier les mécanismes d'adaptation au milieu des entreprises, leurs capacités d'innovation, d'apprentissage et d'auto-organisation.

La firme évolutionniste est définie par Winter et Nelson comme un ensemble dynamique de compétences. Les entreprises se différencient entre elles par la nature de leur savoir-faire qu'elles ont accumulé depuis des années. Les chercheurs se demandent pourquoi les entreprises diffèrent durablement dans leurs caractéristiques, leurs comportements et leurs performances. La réponse à cette problématique va être recherchée dans l'analyse des dynamiques d'accumulation de connaissances et de compétences spécifiques par les entreprises. La compétence foncière de l'entreprise est fondée sur des routines, des savoir-faire organisationnels et technologiques tacites et non transférables en général. Cette approche évolutionniste de l'entreprise se pose bien en rupture théorique avec les conceptions des économistes précédents.

- **La théorie de l'apprentissage organisationnel**

Les travaux sur la firme évolutionniste peuvent être complétés par la théorie de l'apprentissage organisationnel suggérée notamment par G.B Richardson (1972) qui montre dans quelle mesure des apprentissages collectifs se réalisent et des compétences collectives se constituent dans les entreprises.

- **L'analyse de la firme de Aoki**

Pour terminer, les travaux récents de l'économiste japonais Masahito Aoki (1988) ont également contribué à élargir la théorie économique de l'entreprise.

Aoki part du constat que les entreprises américaines et japonaises fonctionnent différemment. Suivant ses analyses, ce qui les différencie fondamentalement, c'est la structure des échanges d'information. L'entreprise américaine se caractérise par une forte spécialisation, un mode hiérarchique et autoritaire de la répartition des fonctions et des rôles, etc. À l'inverse, l'entreprise japonaise a une division du travail plus flexible, une coordination basée sur des méthodes incitatives, un plus grand partage du pouvoir entre les acteurs.

À partir de ces observations, Aoki développera l'idée que l'on peut distinguer deux types de formes fondamentales d'entreprises : la firme hiérarchique et la firme horizontale. Suivant ses analyses, la firme horizontale est mieux adaptée à l'environnement contemporain car elle est beaucoup plus flexible et plus propice à l'innovation. En définitive, la théorie économique de l'entreprise cesse de considérer cette dernière comme une boîte noire impénétrable et apporte un corpus de connaissances utiles à une meilleure compréhension du fonctionnement des organisations.

## V. H. MINTZBERG ET LA STRUCTURATION DES ORGANISATIONS

### 1. L'œuvre de H. Mintzberg

Né en 1939 et professeur de management à l'Université Mc Gill à Montréal au Canada, Henry Mintzberg est aujourd'hui considéré comme l'un des plus riches théoriciens des organisations. Ses travaux de recherche sur le management et les organisations peuvent être sommairement structurés autour de trois axes complémentaires : l'analyse du rôle des managers, l'élaboration de la stratégie des entreprises et la structuration des organisations.

Le style alerte et très pédagogique de Mintzberg et la profondeur de ses analyses ont contribué à une très large diffusion de ses recherches. Ses travaux sur la structure des organisations ont été publiés dans un ouvrage qui a fait date : *Structure et Dynamique des organisations* (1982). Le concept de structure est défini comme la somme totale des moyens employés pour diviser le travail en tâches distinctes et pour, ensuite, assurer la coordination nécessaire entre ces tâches. Suivant Mintzberg, on ne peut pas à proprement parler de l'organisation en général car il existe, selon lui, une grande diversité d'organisations. Son essai de classification des organisations s'est concentré d'une part, dans la perspective des structures, puis d'autre part, dans celle du pouvoir tel qu'il se constitue.

Henry Mintzberg propose une modélisation du fonctionnement organisationnel à partir de six parties de base.

- **Le sommet stratégique**

Il représente l'organe de direction de l'entreprise et d'élaboration de sa stratégie. Il permet d'avoir une vue d'ensemble du système organisationnel.

- **La ligne hiérarchique**

Elle correspond à une hiérarchie d'autorité composée de managers, qui sont en réalité des cadres opérationnels, chargés d'animer des équipes de travail directement productives. La ligne hiérarchique assure la coordination entre le sommet stratégique et le centre opérationnel.

- **Le centre opérationnel**

Il constitue la base de toute organisation au sein de laquelle on trouve ceux qui effectuent le travail directement productif.

- **La technostructure**

Elle est composée d'analystes, d'experts composant en quelque sorte le *staff* de l'entreprise réalisant des activités dites indirectement productives. La plupart des cadres fonctionnels tels que des analystes financiers, marketing, informaticiens, etc., se trouvent dans la technostructure.

Par exemple, la direction des ressources humaines a bien une fonction d'aide à la décision et de conseil interne auprès du sommet stratégique en élaborant des méthodes et des outils d'animation et de gestion des hommes, qui seront proposés à la ligne hiérarchique, c'est-à-dire aux managers d'équipe de travail.

- **Le support logistique**

Il fournit différents services internes à l'organisation qui peuvent aller d'une cafétéria à un service postal ou à un service d'entretien des locaux.

- **L'idéologie de l'organisation**

Ce concept est très proche, dans l'esprit de Mintzberg, du concept de culture d'entreprise. L'idéologie se nourrit des traditions, des normes et des valeurs dominantes, des croyances de l'organisation… c'est-à-dire tout ce qui la distingue d'une autre et qui insuffle une certaine existence à la structure organisationnelle.

Pour H. Mintzberg, toute activité humaine, de la création d'une poterie à l'envoi d'un homme sur la lune, donne naissance à deux besoins fondamentaux et contradictoires : la division du travail entre différentes tâches et la coordination de ces tâches pour accomplir une activité. Dans cette optique, il distingue des mécanismes de coordination par lesquels les organisations peuvent coordonner leur travail.

- **L'ajustement mutuel**

Il consiste à réaliser le travail par le biais d'un simple processus de communication informelle, comme par exemple entre deux employés au niveau opérateur.

- **La supervision directe**

Elle réalise la coordination du travail par l'intermédiaire d'une seule personne qui donne des ordres et des instructions à plusieurs autres qui travaillent en interrelations. Par exemple, un patron explique à ses employés ce qu'ils doivent faire étape par étape.

- **La standardisation des procédés de travail**

Elle réalise la coordination en spécifiant les procédés de travail de ceux qui doivent effectuer des tâches intermédiaires. Ces standards sont habituellement établis au niveau de la technostructure pour être exécutés au niveau du centre opérationnel. C'est par exemple le cas du bureau des méthodes dans l'organisation scientifique du travail.

- **La standardisation des résultats**

Elle assure la coordination du travail en spécifiant les résultats des différents types de travail. Les standards sont établis par la technostructure, comme c'est par exemple le cas de la direction financière, qui spécifie les objectifs de ventes à atteindre à une unité opérationnelle.

- **La standardisation des qualifications et du savoir**

Elle effectue la coordination de différents types de travail par le biais de la formation spécifique de celui qui exécute le travail. Par exemple, un chirurgien et un anesthésiste du même bloc opératoire se répondent presque automatiquement dans le cadre de procédures standardisées.

- **La standardisation des normes**

Dans ce cas, ce sont les normes qui dictent le travail. Celles-ci sont contrôlées et, en règle générale, sont établies pour l'organisation dans sa globalité, de sorte que chacun travaille à partir d'un même ensemble de données ou de croyances. C'est par exemple le cas en ce qui concerne les ordres religieux.

Ces six mécanismes de coordination peuvent être considérés comme les éléments les plus fondamentaux de la structure. Mintzberg considère que ces mécanismes constituent le ciment qui tient toutes les pierres de la bâtisse de l'organisation. Au fur à mesure que le travail devient plus compliqué, les moyens favoris de coordination semblent passer de l'ajustement mutuel, mécanisme le plus simple, à la supervision directe, puis à la standardisation des procédés de travail ou des normes, mais aussi des résultats ou des qualifications. Selon l'auteur, il n'existe pas d'organisation qui n'emploierait qu'un seul de ces mécanismes de coordination. L'ajustement mutuel et la supervision directe sont les mécanismes les plus courants dans les organisations contemporaines.

## 2. Les paramètres de conception de l'organisation

À travers ses recherches sur les structures d'entreprise, H. Mintzberg insiste sur l'idée que l'essence de la conception organisationnelle se trouve dans une série de paramètres qui déterminent la division du travail et la réalisation de la coordination. Certains de ces paramètres concernent la conception des postes, d'autres la conception de la superstructure, c'est-à-dire le réseau de sous-unités qui apparaît dans l'organigramme. Finalement, il distingue un certain nombre de paramètres de conception de l'organisation.

- **La spécialisation du travail**

Elle prend en compte le nombre de tâches qui composent un travail donné et le contrôle qui est exercé sur ces tâches.

- **La formalisation du comportement**

Elle est liée à la standardisation des procédés de travail, en imposant les instructions opérationnelles, la description du travail, les règles et le règlement. On considère qu'une structure qui repose sur une forme de standardisation est bureaucratique, et organique dans le cas contraire.

- **La formation**

Elle consiste en l'utilisation de programmes d'instructions formalisés qui établissent et standardisent chez ceux qui les suivent les qualifications et les connaissances requises pour faire un travail dans une organisation. La formation est un paramètre de conception clé concernant les organisations, que Mintzberg qualifie de professionnelles.

- **L'endoctrinement**

Ce processus repose sur les programmes et les procédures par lesquels les normes des membres d'une organisation sont standardisées de façon à répondre à ses besoins idéologiques et à constituer la base de référence pour la prise de décision ou l'exécution d'une action.

- **Le regroupement en unités**

Il s'effectue en fonction d'une base de regroupement. Il existe différentes bases de regroupement par produit, par client, par processus de travail, par zone géographique, etc. En fait, elles peuvent souvent être réduites à deux types fondamentaux : le regroupement par fonction et le regroupement par marché.

- **La taille des unités de travail**

Cela pose pour Mintzberg la question du nombre de postes.

- **Les systèmes de planification et de contrôle**

Ils sont surtout développés au sein des organisations de grande taille.

- **La décentralisation**

Elle concerne principalement la diffusion du pouvoir de prise de décision.

Ces paramètres de conception sont importants car ils sont déterminants en ce qui concerne la structuration de l'organisation.

## 3. Les facteurs de contingence

Au même titre que les paramètres de conception, les facteurs de contingence influencent le choix final de la structure organisationnelle. Pour ce faire, Mintzberg identifie quatre facteurs de contingence essentiels.

- **L'âge et la taille de la structure**

Plus une organisation est ancienne, plus son comportement risque d'être formalisé. En effet, une organisation qui vieillit tend à répéter ses comportements et donc à devenir plus prévisible et plus facile à formaliser.

En outre, plus une organisation est de grande taille, plus sa structure est élaborée et son comportement formalisé. Cela signifie également que les tâches seront davantage spécialisées, que les unités de travail seront différenciées et que sa composante administrative sera développée. La structure d'une organisation reflète donc l'âge de la fondation de son activité. En effet, celle-ci peut être en conformité avec l'époque industrielle de sa création.

- **Le système technique**

Il s'intéresse aux procédés développés au niveau du centre opérationnel pour produire les biens et les services. En règle générale, plus le contrôle du travail des opérateurs est important, plus le travail opérationnel est formalisé et bureaucratique. En outre, un système technique développé implique de posséder une fonction de support logistique élaborée et qualifiée.

- **L'environnement**

Il représente les caractéristiques du contexte extérieur de l'organisation : les marchés, les conditions économiques, le climat politique, etc. En règle générale, plus l'environnement est dynamique, plus la structure est organique. Dans une telle optique, l'organisation ne peut se standardiser, elle doit, au contraire, devenir très flexible au moyen de l'ajustement mutuel pour assurer sa coordination, ce qui conduit à une structure plus organique au sens de Burns et Stalker. Le degré de décentralisation de la structure est étroitement lié à la complexité de l'environnement de l'entreprise. La première raison qui amène une organisation à se décentraliser, c'est lorsque toutes les informations nécessaires à une prise de décision ne peuvent être réunies par une seule personne.

Par ailleurs, une organisation ayant des marchés diversifiés a tendance à se scinder en unités organisées sur la base de ses marchés, que l'on qualifie souvent de divisions, dans la mesure où les économies d'échelle le permettent. Une hostilité extrême de son environnement peut conduire une organisation à centraliser sa structure de façon temporaire. Dans ce cas de figure, elle aura tendance à centraliser son pouvoir en retenant parmi les moyens de coordination le plus rapide et puissant, la supervision directe. Dans un tel cas, seul le leader de l'organisation peut assurer une réponse coordonnée rapide et puissante à la menace.

- **Le pouvoir**

Il constitue le quatrième facteur de contingence. En règle générale, plus le contrôle externe de l'actionnariat s'exerce sur l'organisation de manière importante, plus la structure de l'organisation est centralisée et formalisée. Cette idée montre qu'avec un contrôle extérieur, une organisation tend à centraliser le pouvoir au niveau du sommet stratégique et à formaliser son comportement.

En définitive, ces facteurs de contingence constituent de véritables déterminants de la structure organisationnelle. Ces déterminants tels que l'âge, la taille, le système technique, le pouvoir ou encore le mode de coordination des activités dominant sont des éléments de structuration de l'entreprise ou de l'organisation.

## 4. Les configurations organisationnelles de Mintzberg

Les recherches réalisées par Mintzberg en matière de structure et dynamique des organisations (1982) l'ont conduit à suggérer une théorie et une approche par les configurations de la structure des organisations. Suivant cette logique de recherche, il a identifié sept configurations structurelles aux différents modes de coordination.

- **La structure simple**

Elle désigne une organisation entrepreneuriale. Ces organisations sont sous l'autorité ferme et personnelle d'un leader et sont souvent à la base des histoires les plus fantastiques sur la création de grands empires. Elles sont le lieu où la vision stratégique d'un dirigeant se manifeste avec le plus d'intensité. Il s'agit d'une structure généralement de petite ou de moyenne taille, informelle, flexible au sein de laquelle la ligne hiérarchique reste peu développée. Son environnement peut être qualifié de simple mais dynamique et concurrentiel. Le leadership est parfois de type charismatique et le mode de formulation de la stratégie dépend de la vision du dirigeant et peut être relativement flexible et adaptatif.

Dans cette configuration, les décisions concernant à la fois la stratégie et les aspects opérationnels tendent à être concentrées dans le bureau du dirigeant. Cette centralisation présente l'avantage d'enraciner les réponses stratégiques dans une profonde connaissance des opérations. En effet, le leadership prend le pas dans la configuration entrepreneuriale, ce qui peut être aussi très risqué car tout repose finalement sur une seule personne, le propriétaire-dirigeant.

- **La bureaucratie mécaniste**

L'esprit de la bureaucratie est de créer une voie et de rester sur celle-ci en s'assurant que tout ce qui peut en résulter a été voulu. Ce qui veut dire que le terme bureaucratie est utilisé ici dans le sens de chercher à rendre tout prévisible. Cette configuration se caractérise par des procédures formalisées, un travail spécialisé, une division du travail accentuée, une ligne hiérarchique développée et un regroupement des activités en unités ou en fonctions. La technostructure constitue la clé de voûte du système, elle est chargée de standardiser les procédés de travail. Elle est clairement séparée de la ligne hiérarchique et est composée de spécialistes chargés de concevoir, pour l'essentiel, des procédures de travail.

Les bureaucraties mécanistes évoluent en général dans un environnement simple et stable. Il s'agit le plus souvent d'usines et d'unités de production industrielle de grande taille relativement âgées. Le travail est rationalisé et le contrôle externe exercé par les actionnaires est assez fort. Cette configuration est adaptée à la production de biens et de services de masse s'appuyant sur la recherche d'économies d'échelle, mais aussi dans des administrations et des entreprises de contrôle et de sécurité. Le processus d'élaboration de la stratégie s'appuie sur une logique de planification et de programmation stratégique. Suivant cette logique d'action, ce sont des organisations à la recherche d'efficacité, d'efficience et de précision. Néanmoins, cette configuration semble peu propice à l'innovation et à l'adaptabilité à des changements.

- **La structure divisionnelle**

Elle se caractérise avant tout par une structuration par divisions fondées sur le marché, couplée de manière très souple avec le contrôle du centre administratif du siège. Les divisions sont autonomes dans la conduite de leurs activités mais restent soumises au système de contrôle des performances qui entraîne une standardisation des résultats. Cette forme structurelle est adaptée à des marchés diversifiés, particulièrement en ce qui concerne les produits et les services. Le siège définit la stratégie du groupe sous la forme de la gestion d'un portefeuille d'affaires, les divisions définissent leur propre stratégie. La structure divisionnelle constitue une solution à certains problèmes de management stratégique tels que la répartition des risques économiques et financiers, l'adaptation des produits par pays, la suppression d'activités, etc. Cependant, la diversification du conglomérat peut être coûteuse et décourager l'innovation. Des entreprises partenaires et indépendantes peuvent parfois être plus rentables que des divisions.

- **La bureaucratie professionnelle**

Cette structure est bureaucratique bien que décentralisée, dépendante de la formation de standards de qualification de beaucoup d'opérateurs professionnels. La clé du fonctionnement réside dans la création d'un système de classement des emplois à l'intérieur desquels les professionnels peuvent travailler de façon autonome, en étant sujets au contrôle de leur profession. Par exemple, les médecins ou les chirurgiens au sein d'un hôpital doivent respecter les ordres de leur profession. Ces organisations évoluent dans un contexte qui se caractérise par un environnement complexe mais relativement stable. Plusieurs stratégies peuvent être adoptées par jugements professionnels et par choix collectifs, certaines par autorisation administrative. Cette configuration présente l'avantage d'offrir aux acteurs davantage de démocratie et d'autonomie, mais des problèmes de coordination entre les différentes catégories de personnel peuvent se poser.

- **L'organisation innovatrice ou l'adhocratie**

Selon Mintzberg, la structure innovatrice est une adhocratie, c'est-à-dire, une organisation plate, fluide, organique et décentralisée. Cette structure est composée d'experts fonctionnels répartis en équipes pluridisciplinaires, de spécialistes de fonction de support logistique, d'opérateurs et de managers pour réaliser des projets innovants. La coordination est réalisée par ajustement mutuel entre les salariés et les managers qui ont, avant tout, une fonction d'intégration des hommes au sein de différents projets. En règle générale, l'environnement de ces entreprises est complexe et dynamique, comprenant les technologies de pointe, les changements fréquents de produits dus à une concurrence sévère, les projets temporaires. Cette organisation est jeune, relativement instable et reste susceptible de connaître de fortes évolutions en fonction des circonstances de marché notamment. La stratégie des configurations adhocratiques est, pour l'essentiel, une stratégie émergente dans le sens où elle repose sur les capacités d'apprentissage de ses dirigeants. Il existe une grande diversité de processus partant de la base jusqu'au sommet stratégique permettant d'adapter la stratégie aux circonstances et à la demande. La structure innovatrice repose sur un système démocratique et d'expression des acteurs souvent très qualifiés et cherche à limiter tant que possible la bureaucratie en son sein. Il s'agit d'une organisation efficace en termes d'innovation, de capacité d'adaptation au changement. Néanmoins, des problèmes humains peuvent se poser en son sein, provenant de l'ambiguïté et des risques liés à une trop forte concentration d'experts à forte personnalité.

- **L'organisation missionnaire ou idéologique**

Pendant longtemps H. Mintzberg a fait état de l'existence de cinq configurations de base. Depuis 1989, il a ajouté deux autres configurations visant à compléter sa typologie des structures. L'organisation missionnaire repose avant tout sur une idéologie dominante, c'est-à-dire sur un système de valeurs, de normes et de croyances auquel adhèrent tous les acteurs. Ce système idéologique se substitue aux standards et procédures que l'on peut trouver par exemple au sein des structures mécaniste ou professionnelle. L'organisation missionnaire prend son origine dans le sens d'une mission associée à un leadership charismatique, développé à travers des traditions et renforcé par un processus de ritualisation et d'identification.

Suivant la pensée de Mintzberg, l'idéologie existe dans toutes les organisations mais dans ce cas de figure elle est véritablement dominante. La mission est claire, explicitée, concentrée et porteuse d'inspirations. Le mécanisme de coordination des acteurs est la standardisation des normes qui renforce la sélection, la socialisation et surtout l'endoctrinement des membres. Parfois, un puissant contrôle normatif peut s'exercer sur les membres de cette organisation. Il s'agit le plus souvent d'associations qui reposent sur une forte mobilisation de leurs membres afin de promouvoir une mission et un projet donné. Cette forme de structure présente l'avantage d'être mobilisatrice et impliquante pour ses membres mais peut, dans certains cas, conduire à l'isolation vis-à-vis de l'environnement, ainsi qu'à des risques d'assimilation à l'autre pouvant se traduire par des pertes de personnalité dans des cas extrêmes, comme par exemple les sectes.

- **L'organisation politique**

C'est la seule organisation transitoire suivant Mintzberg. Elle désigne une organisation temporairement en crise et confrontée à un conflit ouvert tel que par exemple une grève. Au sein de chaque configuration, on peut observer une activité politique des membres cherchant à exercer une influence sur les autres. En effet, il semble qu'au sein de chaque organisation humaine, la politique existe et constitue un moyen de pouvoir, techniquement illégitime, exercé le plus souvent dans un intérêt personnel, résultant d'un conflit où les individus utilisent des forces divergentes. Concrètement, cela peut s'exprimer à travers des jeux politiques qui tantôt coexistent, tantôt s'opposent ou encore se substituent au système légitime de pouvoir. La politique se présente généralement comme une sorte de verni sur l'organisation traditionnelle mais peut, parfois, être assez puissante pour créer temporairement et en période de crise, sa propre configuration. Les notions traditionnelles de coordination et d'influence sont alors remplacées par le jeu d'un pouvoir informel. Le conflit persiste, devient envahissant pour donner naissance à l'organisation politique qui peut avoir, dans certains cas, des effets favorables à la négociation et au changement. En effet, une organisation devenue politique peut être l'occasion d'impulser un changement durable, des bouleversements importants et des innovations. Cela peut aussi conduire à des situations bloquées qui vont alors conduire au durcissement du conflit ouvert.

En guise de conclusion, l'approche des configurations de Mintzberg montre la très grande relativité des structures d'entreprises par rapport à des paramètres complexes tels que l'environnement, la technologie, la stratégie, etc. Les travaux de Mintzberg et sa théorie sur la structuration des organisations ont connu un véritable retentissement à partir des années 80 au sein du monde des affaires et des écoles de management. Mintzberg considère les organisations du point de vue de leur structure et de leur dynamique, il envisage les jeux de pouvoir comme des coalitions internes et externes dans lesquelles différents joueurs, appelés détenteurs d'influence, cherchent à contrôler les décisions et les actions entreprises.

Actuellement, les travaux sur la structure des entreprises sont encore dominés par une vision contingente des organisations. Parmi les chercheurs contemporains, Henry Mintzberg cherche à avoir une conception plus synthétique. D'autres travaux de recherche, comme ceux de Michaël Porter dans le domaine de la stratégie d'entreprise, adoptent une approche contingente analogue, au sens où ils recherchent la performance des entreprises par une meilleure adaptation aux caractéristiques de leurs marchés et de leur environnement concurrentiel. En définitive, les théoriciens de la contingence ont démontré que le concept de différenciation des activités, c'est-à-dire une conception plus ou moins rationnelle de l'organisation, et de l'autre la notion d'intégration des personnes, à savoir la manière dont leur coordination et leur implication seront réalisées, constituent finalement un des rôles les plus fondamentaux de la structuration des organisations et du management des hommes.

# Chapitre 4

## Les approches sociologique et socio-économique des organisations

Après la Seconde Guerre mondiale, la notion d'organisation s'est progressivement substituée à celle de bureaucratie. Peu à peu, l'analyse des jeux de pouvoir est devenue une tendance dominante de la sociologie et du management dès la fin des années 70. La sociologie des organisations, sortant de l'opposition traditionnelle de la sociologie du travail, entre exécutants et dirigeants, place les acteurs et l'analyse de leurs systèmes de relations au centre de la réflexion sur l'efficacité et la performance des entreprises. Mais le glissement d'un terme à l'autre ne signifie pas pour autant un changement de perspective théorique. En effet, les travaux sur les organisations formelles, puis sur l'action organisée, prolongent ceux qui s'efforçaient de comprendre les dysfonctionnements et les paradoxes de la bureaucratie.

Ces recherches en sociologie des organisations sont symbolisées principalement par les travaux de Michel Crozier et de Erhard Friedberg (1977) dans un ouvrage notoirement connu *L'Acteur et le Système*. Le management, à travers la pensée de James March et Herbert Simon, se penche sur les comportements des membres d'une organisation. En 1958, ils publient un ouvrage fondateur intitulé sobrement *Organizations* et proposent une relecture de tous les travaux antérieurs ayant produit des éléments de connaissance sur les organisations. Ce travail de mise en perspective des recherches antérieures conduit les auteurs à poser l'idée que toute théorie de l'organisation s'accompagne inévitablement d'une philosophie de l'être humain puisque les organisations sont composées de membres qu'il faut bien prendre en considération d'une manière ou d'une autre.

L'analyse de March et Simon vise à identifier trois grandes conceptions des comportements humains : la première conception est avant tout préoccupée par la rationalisation du travail et a donné naissance à l'école dite classique de l'organisation ; la deuxième insiste sur l'importance des rapports sociaux et correspond au mouvement des relations humaines ; la troisième privilégie le fait que les membres d'une organisation doivent prendre des décisions et résoudre des problèmes. Les approches qui partent de cette hypothèse mettent l'accent sur les processus cognitifs, les modes de raisonnement et d'analyse pour rendre compte des comportements humains.

March et Simon vont finalement montrer que seule une théorie partant de l'hypothèse que les acteurs des organisations opèrent des choix et prennent des décisions permet de renouveler l'analyse des organisations. Leurs apports au management sont d'avoir démontré que les acteurs des organisations agissent suivant une logique de rationalité limitée, les choix opérés et les décisions prises sont soumis à des contraintes provenant de certaines caractéristiques de l'être humain mais sont toujours sensés. Cette théorie de la décision orientée sur les capacités cognitives des acteurs influencera de manière décisive différentes conceptions du management.

## I. LES APPROCHES SOCIOLOGIQUES DES ORGANISATIONS

### 1. L'analyse stratégique des organisations de M. Crozier et E. Friedberg

En France, Michel Crozier, né en 1922, a créé au début des années 60 le Centre de sociologie des organisations (CSO) et travaille, pour l'essentiel, dans des administrations et des organisations publiques. La sociologie des organisations a connu un essor tardif en France et l'on doit à M. Crozier le fait d'avoir importé les travaux de recherche américains sur les organisations. Sa réflexion et ses recherches s'inscrivent directement dans le prolongement de ces travaux, en particulier ceux de March et Simon.

Deux ouvrages marquant de Crozier illustrent la richesse de ces recherches sur le fonctionnement des organisations : *Le Phénomène bureaucratique* publié en 1964, *L'Acteur et le Système* publié en 1977 en collaboration avec Erhard Friedberg. Le premier ouvrage de Crozier porte essentiellement sur l'importance des phénomènes de pouvoir dans les organisations, phénomène relativement négligé par les travaux anglo-saxons. Ce livre propose une reconceptualisation de la thématique des relations de pouvoir analysée principalement à travers deux cas de grandes organisations : la SEITA et l'administration des chèques postaux.

Crozier montre, à travers l'analyse des relations de travail entre différents groupes professionnels, qu'il s'agit de relations de pouvoir dont la manifestation la plus importante est produite par l'événement qui les met fonctionnellement en rapport, à savoir les pannes. L'analyse des relations de pouvoir ne peut se limiter aux rapports hiérarchiques et réside dans la capacité des acteurs, quelle que soit leur place dans l'organisation, à repérer et à se saisir des sources d'incertitude qui s'y trouve pour chercher à exercer une influence sur les autres catégories professionnelles.

Crozier insiste donc particulièrement sur la dimension active des acteurs sociaux et sur leur stratégie respective dans l'organisation. Le deuxième ouvrage fonde véritablement l'analyse stratégique des organisations. L'objectif de Crozier et Friedberg est d'élaborer le corpus théorique de l'analyse stratégique et vise à dépasser l'opposition traditionnelle entre la liberté individuelle des acteurs et le déterminisme des structures sociales.

En réalité, Crozier et Friedberg considèrent que l'acteur possède toujours une marge de manœuvre relative dans une organisation qu'il va chercher à exercer. Cette liberté n'est pas absolue, elle est soumise à des contraintes, des contingences, ce qui conduit les acteurs à structurer le champ de leur action. Cette marge de manœuvre, utilisée dans l'action par les acteurs, peut leur conférer une réelle influence ainsi que du pouvoir dans le système organisationnel. Enfin, leur rationnalité est une rationnalité limitée au sens de March et Simon ce qui conduit à considérer que les acteurs effectuent des choix sensés compte tenu de leurs objectifs spécifiques.

En 1993, Erhard Friedberg proposera une actualisation de cette théorie à travers un ouvrage intitulé *Le Pouvoir et la Règle*. Il montre que le pouvoir ne peut pas être seulement défini comme une capacité à faire faire, mais qu'il structure des relations dans l'organisation et, en particulier, qu'il est créateur de règles.

## 2. Les concepts de l'analyse stratégique des organisations

- **La stratégie de l'acteur**

Ce premier concept est central dans l'analyse. Il permet de ne pas dissocier les actions des acteurs du contexte organisationnel, considéré comme un construit social contingent, au sein duquel ils l'exercent. Suivant cette analyse, les hommes n'acceptent jamais d'être considérés comme des moyens au service de fins que la direction fixe. Chaque acteur a donc bien des objectifs propres et une stratégie pour les atteindre. Cette liberté relative de l'acteur lui confère une certaine autonomie qui va s'exercer à travers des jeux de pouvoir au sein de l'organisation.

- **Le système d'action concret**

Il désigne l'ensemble des relations qui se constituent et se nouent entre les membres d'une organisation et qui servent à résoudre les problèmes concrets quotidiens. Ces relations ne sont pas prévues par l'organisation formelle et les définitions de fonction. Ces règles informelles sont néanmoins nécessaires au fonctionnement du système et sont, en règle générale, bien connues. Le système d'action concret est bien un construit social qui correspond au jeu structuré et mouvant des relations de pouvoir qui s'établissent dans les rapports sociaux.

- **Les zones d'incertitude**

Le troisième concept de l'analyse stratégique est la notion de zone d'incertitude. Toute organisation est soumise à des masses d'incertitudes plus ou moins élevées : techniques, commerciales, financières, humaines, etc. L'acteur qui les maîtrise le mieux par ses compétences, son réseau de communication et de relations et son niveau d'expertise peut donc prévoir ces incertitudes et détient ainsi la plus grande ressource du pouvoir. L'incertitude constitue une zone qui donne de l'autonomie à l'acteur, une certaine influence dans le système organisationnel et, *in fine*, du pouvoir.

- **Le pouvoir**

Il s'agit du quatrième concept clé de l'analyse stratégique. Il désigne la capacité d'un acteur de se rendre capable de faire agir un autre acteur suivant une orientation souhaitée. Il n'est pas automatiquement lié aux ressources de contrainte que peut donner une position hiérarchique supérieure. Généralement, les principales ressources de pouvoir sont la compétence, la maîtrise de relations à l'environnement, la maîtrise des communications ainsi que la connaissance précise des règles, souvent complexes, de fonctionnement.

En définitive, l'analyse stratégique des organisations montre qu'il existe une dialectique entre l'acteur et le système puisque l'acteur créé le système qui est un construit social et en aucun cas une donnée naturelle figée, mais complètement dynamique et évolutive.

## 3. La théorie de la régulation conjointe de J.-D. Reynaud

Selon la théorie de la régulation conjointe du sociologue français Jean-Daniel Reynaud publiée en 1989 dans un ouvrage intitulé *Les Règles du jeu. Action collective et régulation sociale*, la structuration des jeux d'acteurs se conçoit mieux à partir de la construction des règles dans l'ensemble organisé qu'est l'organisation.

Le point de départ de sa théorie converge avec les considérations de Crozier et Friedberg suivant lesquelles il y a une difficulté de construction de l'action collective. Les recherches de Reynaud visent à montrer que la production de règles est le fruit d'une longue construction. Cette construction de règles n'est pas donnée une fois pour toutes. Elle se construit et se reconstruit en permanence. Cette théorie des règles du jeu est centrale pour comprendre comment dans l'activité de travail, s'élaborent les règles, comment un groupe social se structure et devient capable d'actions collectives. Dans cette approche, le rôle de construction du groupe de travail par la construction de règles semble premier.

En effet, si les règles du jeu servent à construire l'action collective, elles sont aussi le signe de l'existence du groupe et ont comme fonction de le définir et de le faire exister.

Finalement, l'apport de Reynaud à la sociologie des organisations est de préconiser une observation rigoureuse et minutieuse des situations de travail, de la construction des régulations autonomes, de leur combinaison avec les régulations de contrôle pour donner les régulations conjointes. En d'autres termes, cette théorie rend compte de la façon dont les acteurs agencent les contraintes pour produire leurs propres règles.

## 4. R. Sainsaulieu et l'identité au travail

Professeur de sociologie à l'Institut d'études politiques de Paris, Renaud Sainsaulieu a développé, dès 1977, dans un ouvrage *L'Identité au travail*, un courant de pensée fondé sur un mode de structuration de l'organisation où l'expérience de la socialisation joue un rôle central. Sainsaulieu met l'accent sur les dimensions affectives, sur les positions idéologiques des acteurs et sur leur mode de calcul des possibilités de gains ou de pertes. Il fonde les identités collectives sur le fait que les individus ont en commun une même logique d'acteurs. L'identité crée ainsi la communauté, au sens où celle-ci se définie par une action commune. En sociologie, le concept d'identité est à la base des théories de l'action. Sainsaulieu envisage donc l'acteur du point de vue stratégique, mais aussi sous l'angle de la stabilité de ses relations de travail. L'auteur repère ainsi des situations de travail particulières, des identités au travail. Quatre identités au travail sont ainsi identifiées : la fusion, la négociation, les affinités et le retrait.

- **Le modèle de la fusion**

On trouve le modèle de la fusion dans un contexte de travail où les tâches sont répétitives et les travaux peu qualifiés. Les acteurs ne peuvent mobiliser que de faibles ressources stratégiques. Sainsaulieu parle de fusion dans le sens où l'individu n'a pas d'autre choix que de se fondre dans le groupe de travail, car il n'a guère d'autres ressources que le collectif.

- **Le modèle de la négociation**

On peut trouver ce type d'identité au sein de groupes de travail où les acteurs sont qualifiés, peuvent accéder à des niveaux hiérarchiques supérieurs et acceptent entre eux des différences. Sainsaulieu utilise le terme négociation, car comme acteurs collectifs, ces groupes utilisent la négociation comme une capacité importante à entrer dans le conflit et à le vivre.

- **Le modèle des affinités**

Il apparaît dans des situations de mobilité professionnelle, de promotion, où l'évolution individuelle a conduit à la perte d'appartenance à un groupe de travail. C'est généralement le cas des cadres ou des ingénieurs et des techniciens pour qui le rapport au chef prend une place considérable. Les stratégies d'acteurs sont orientées autour de la carrière, et la réussite personnelle occupe une place importante. Cette identité place l'acteur dans une logique plus individualiste à la recherche de conquêtes professionnelles.

- **Le modèle du retrait**

Le retrait signifie que l'individu au travail a peu d'amis, peu d'intégration à un groupe et son rapport au chef, particulièrement fort, se manifeste par de la dépendance. Dans cette optique, le travail est davantage une nécessité économique qu'une valeur, et l'individu est très faiblement investi dans ses relations personnelles au travail.

En définitive, R. Sainsaulieu défend la thèse que l'expérience quotidienne des relations de travail alimente des représentations collectives et des valeurs communes qui la dépassent tout comme elle façonne les personnalités individuelles dans leurs choix et jugements. Il montre que les rapports sociaux au travail structurent l'identité individuelle et collective. Les quatre identités au travail, précédemment discutées, indiquent que le travail devient, dans les sociétés industrielles contemporaines, un nouveau lieu d'apprentissage culturel comme le furent, en d'autres temps, l'église catholique ou encore la famille bourgeoise.

## II. LES NOUVELLES THÉORIES SOCIOLOGIQUES DE L'ENTREPRISE

Depuis la fin des années 80, la sociologie des organisations connaît un véritable succès au sein des universités et des écoles de management françaises. La sociologie des organisations apporte une véritable grille d'analyse et un corpus théorique solide aux chercheurs ainsi qu'aux praticiens. Depuis quelques années, un certain nombre de chercheurs ont tenté de renouveler les théories sociologiques en fonction des préoccupations des praticiens du management. On distinguera principalement trois courants de pensée qui contribuent activement à un tel renouvellement : l'école des conventions, la théorie de la traduction et la théorie des logiques d'action conceptualisée par P. Bernoux.

### 1. L'école des conventions

La théorie des conventions est apparue en France en 1987 avec un ouvrage fondateur, *Les Économies de la grandeur*, rédigé par L. Boltanski et L. Thévenot. Ce courant de pensée regroupe des économistes et des sociologues : L. Boltanski, L. Thévenot, A. Orléan, R. Salais, qui suggèrent un modèle des relations sociales qui vise à répondre à la problématique de la coordination des actions individuelles, afin de comprendre dans quelle mesure se constitue une action collective. Ils interrogent la question des ressources à mobiliser pour stabiliser l'action des acteurs ainsi que les bases constitutives d'un accord collectif. Ces auteurs cherchent les fondements et les voies de construction du social dans le choix de l'accord qui résulte d'une convention. La régularité des conduites et des normes de comportement résulte, suivant leur théorie, d'une contrainte d'accord qu'ils appellent une convention. À travers leur ouvrage majeur, Boltanski et Thévenot, démontrent qu'il existe plusieurs légitimités qui s'affrontent dans une entreprise et qui président à la justification des actions. Ils appellent ces principes *cités* ou *mondes* et distinguent finalement six cités :

– la cité inspirée : elle désigne le principe de créativité, l'action est alors guidée par la volonté d'innover ;
– la cité domestique : elle renvoie au respect de la tradition et à l'attachement aux règles d'un collectif de travail ;
– la cité du renom : elle vise à la reconnaissance sociale par un système de relations publiques ;
– la cité civique : elle justifie une action par la recherche de l'intérêt général ;
– la cité marchande : elle légitime le recours au contrat commercial ;
– la cité industrielle : elle correspond à une logique de productivité et de performance.

Boltanski et Thévenot démontrent que lorsque ces cités sont en contradiction, il est nécessaire, pour assurer la cohésion du collectif de travail, de trouver des accords fondés sur des compromis. Par exemple, concernant un accord d'entreprise pour le passage négocié aux 35 heures hebdomadaires de travail, la contradiction potentielle entre la légitimité civique, celle de l'intérêt des salariés, et la légitimité industrielle correspondant à l'impératif de performance, peut se résoudre à travers l'établissement d'une convention contractuelle, un accord d'entreprise entre les partenaires sociaux.

Suivant R. Salais, une convention correspond à un ensemble d'éléments qui, pour les participants à la convention, vont ensemble et pour lesquels ils partagent un accord commun. La convention désigne donc bien un ensemble d'attentes réciproques sur les comportements et les compétences, élaboré comme allant de soi et pour aller de soi.

Dans ces conditions, une convention peut être véritablement efficace. Le concept de convention provient de convenir et permet de coordonner des intérêts d'acteurs contradictoires, relevant de logiques d'action opposées, mais qui ont besoin d'être ensemble pour satisfaire leurs besoins.

En définitive, les conventions sont des accords implicites permettant à la vie sociale de prendre tout son sens. La théorie des conventions montre qu'à l'intérieur de chaque cité, les justifications permettent de faire apparaître des désaccords puis de comprendre sur quoi se fondent les compromis dans la négociation. Les théoriciens de convention s'inscrivent dans les théories de l'acteur car ils soulignent que les justifications sont, en réalité, des construits sociaux. Ils insistent sur la nécessité d'observer la réalité sociale à partir des compromis et ils démontrent dans quelle mesure la dynamique des rapports sociaux résulte de nouveaux compromis et de nouvelles conventions.

## 2. La théorie de la traduction du Centre de sociologie de l'innovation

Dès les années 80, Michel Callon et Bruno Latour ont développé le Centre de Sociologie de l'Innovation (CSI) à l'École nationale supérieure des Mines de Paris. À partir d'un ensemble de recherches de terrain, ils ont élaboré une sociologie des sciences et des techniques. Leur approche les a progressivement conduits à un renouvellement de l'analyse des innovations, et montre le caractère dynamique des organisations dans la mesure où leur développement réside dans leur capacité à innover.

La théorie de la traduction fondée par Callon et Latour vise à dégager les conditions de production et de circulation des innovations techniques et des connaissances scientifiques. Ils cherchent à montrer que l'élaboration des innovations ignore les frontières organisationnelles. Pour ce faire, la démonstration de leur théorie applicable à l'analyse des organisations, s'appuie principalement sur le cas élaboré par M. Callon de la réimplantation des coquilles Saint-Jacques dans la baie de Saint-Brieuc.

Au début des années 70, on s'aperçoit d'un phénomène nouveau, celui de la disparition progressive des coquilles Saint-Jacques dans la baie de Saint-Brieuc, qui ont déjà disparues en rade de Brest du fait des prédateurs et d'une pêche excessive. Le Centre national d'exploitation des océans lance un vaste programme de recherche destiné à étudier dans quelles conditions une technique d'élevage japonaise des coquilles Saint-Jacques peut être adaptée en France.

C'est dans ce contexte que M. Callon montre, en 1986, que le succès de ce programme dépend de la réussite d'une association inédite entre des acteurs multiples et différents : les scientifiques, les marins-pêcheurs, les pouvoirs publics et les coquilles Saint-Jacques elles-mêmes ! La production de nouvelles connaissances sur les coquilles Saint-Jacques et la performance du programme de recherche sont, en réalité, liées aux capacités de mobilisation et de coopération de toutes les catégories d'acteurs humains et non humains.

Afin de mobiliser tout un chacun, les chercheurs vont opérer ce que Callon va appeler une *série de traductions*. Le concept de traduction signifie que, ce qui pour les chercheurs est une question de connaissances fondamentales sur les coquilles Saint-Jacques, doit être retraduit en termes de survie économique pour les pêcheurs, en question de perpétuation de l'espèce pour les coquilles, et en termes d'image de marque pour les pouvoirs publics. C'est à cette condition que le programme de recherche est légitime et essentiel pour toutes ces catégories d'acteurs puisqu'il devient intelligible pour eux. Les chercheurs sont ainsi devenus les portes-paroles de cet ensemble hétérogène car ils permettent à ces différentes catégories de communiquer entre elles. Ils ont ainsi fait de l'existence des coquilles Saint-Jacques dans la baie de Saint-Brieuc un passage obligé.

La traduction, suivant la démonstration de Callon, c'est aussi le déplacement des logiques d'action initiales des acteurs vers des redéfinitions de rôle. Par exemple, les pêcheurs deviennent, à la demande des chercheurs, des observateurs attentifs des mouvements de larves et effectuent des prélèvements. Ils deviendront progressivement des éleveurs. Ces opérations de traduction ou chaînes de traduction, passant par des associations inédites, favorisent l'émergence d'un réseau sociotechnique qui peut être défini comme un ensemble de cheminement entre des acteurs humains et non humains qui se trouvent interreliés. Le concept de réseau sociotechnique indique que la production des innovations nécessite une extension considérable des relations et des associations indispensables de catégories d'acteurs aux rationalités différentes.

Ce cas montre bien l'importance de dépasser les frontières organisationnelles pour introduire de nouvelles catégories d'acteurs afin de permettre les conditions d'émergence d'une innovation. L'originalité de la démarche proposée réside aussi dans le fait d'introduire dans la réflexion des entités non humaines reliées aux humains par des relations variées. Callon souligne que ces différentes entités contribuent à s'entre-définir, c'est-à-dire à qualifier mutuellement leur identité, leurs relations et leurs intérêts qui ne sont pas figés.

Le concept de réseau sociotechnique de Callon et Latour permet de repenser la question des innovations en milieu organisationnel, en mettant fortement en évidence l'importance de l'hétérogénéité et de la diversité des acteurs nécessaires à la production d'innovations.

## 3. La théorie des logiques d'action de P. Bernoux

Sociologue spécialisé en matière d'analyse des organisations, Philippe Bernoux, à travers un ouvrage intitulé *La Sociologie des entreprises* (1995), cherche à élaborer une grille d'analyse des logiques d'action dans les organisations pour rendre compte de la diversité des interprétations possibles de phénomènes observés.

Il suggère d'une part, une posture de recherche heuristique, par tâtonnements intellectuels, à partir de laquelle le chercheur peut utiliser des concepts issus de différentes théories qui s'excluent habituellement. D'autre part, Bernoux propose d'identifier les logiques d'action car elles sont une manière possible de définir le sens qu'un acteur donne à son action.

Pour l'auteur, la construction de conventions, la reconstruction des identités, la production de normes, les comportements d'ajustement résultent de la manière dont les acteurs interprètent leur rôle et leur place dans les organisations, compte tenu de leurs parcours antérieurs et de la situation d'action dans lesquelles ils se trouvent. Le sens donné à l'action a été créé à travers les systèmes de représentations des individus mais aussi par les situations sociales. En d'autres termes, l'acteur n'agit pas seulement en fonction de la situation mais aussi compte tenu de ses expériences et de sa mémoire. En résumé, la logique d'action d'un acteur est finalement le produit de son passé mais aussi de l'exercice concret de son métier à travers des situations de travail. Le concept de logique d'action de Bernoux permet de faire comprendre que les conflits entre acteurs sont générés par des représentations différentes des contraintes et des situations sociales.

Au total, la thèse de l'auteur réside dans l'idée que l'interprétation en termes de logiques d'action permet de comprendre la manière dont chacun se situe face à un problème, non seulement en fonction de l'action dans laquelle il est, mais aussi de ses jeux de pouvoir, de ses cités et de son passé constitutif de ses propres représentations.

## 4. La théorie de la structuration de A. Giddens

Professeur de sociologie et directeur de la London School of Economics, Antony Giddens est un chercheur dont les travaux et les apports sont actuellement très discutés en sciences de gestion. Son ouvrage fondateur *La Constitution de la société. Éléments de la théorie de la structuration* publié en 1984, sera traduit en français en 1987. Son œuvre est essentiellement théorique, et vise à combiner une double sociologie des structures sociales et de l'action des acteurs.

- **Le concept de structuration et le structurel**

Il vise à faire appréhender les structures sociales sous l'angle du mouvement. Giddens suggère de dépasser le dualisme classique entre le point de vue de l'individu et celui des contraintes structurelles. Il propose de considérer ces deux points de vue comme deux pôles solidaires d'une même dualité dialectique. Giddens définit le concept de structuration comme « procès des relations sociales qui se structurent dans le temps et dans l'espace *via* la dualité du structurel » (p. 444). La dualité du structurel correspond à une vision circulaire de la construction du monde social, où ses dimensions structurantes sont à la fois situées avant l'action, comme ses conditions, et après l'action, comme des produits de celle-ci.

- **La dualité du structurel**

Cela désigne l'idée que le structurel est pour Giddens habilitant et contraignant et qu'il renvoie donc aux notions de compétence et de contrainte. Par exemple, l'apprentissage de notre langue maternelle contraint nos capacités d'expression mais, en même temps, nous donne une compétence et rend possible tout un ensemble d'actions et d'échange. Intégrant une sociologie de l'action, la théorie de la structuration présente des acteurs sociaux compétents, c'est-à-dire

> tout ce que les acteurs connaissent, de façon tacite ou discursive, sur les circonstances de leur action et de celle des autres, et qu'ils utilisent dans la production et la reproduction de l'action.
>
> (p. 440)

Cette compétence repose sur une capacité réflexive des acteurs engagés dans des conduites quotidiennes, c'est-à-dire qu'ils sont « capables de comprendre ce qu'ils font pendant qu'ils le font » (p. 33). Ce modèle de la structuration de Giddens implique une réinterprétation des notions de contraintes structurelles et de compétences des acteurs. La contrainte structurelle n'explique le comportement de l'acteur que dans la mesure où celui-ci y conforme son action, ce qui nécessite d'introduire une notion de compétence des acteurs pour expliquer les raisons qui amènent à faire ce qu'ils font.

- **Le concept de compétence sociale**

Pour Giddens, la compétence sociale est surtout d'ordre pratique et l'analyse et l'explication des conduites stratégiques nécessitent l'observation de l'action des acteurs. En matière d'analyse des organisations, cette thèse signifie qu'il est fondamental de contextualiser l'action des acteurs pour en mesurer effectivement la portée et le sens.

- **Les conséquences non intentionnelles de l'action sociale**

Anthony Giddens insiste également sur les conséquences non intentionnelles de l'action de l'acteur dans certains cas. Cela constitue pour lui une des limites principales de la compétence des acteurs sociaux. C'est alors une véritable dialectique entre l'intentionnel et le non intentionnel que propose Giddens, les actes intentionnels étant pris dans des séquences d'actions complexes qui tendent à lui échapper et à porter l'action plus loin que lui. Pour illustrer cette idée fondamentale, Giddens prend l'exemple simple du cambrioleur et de la lumière. L'acteur qui allume la lumière de son appartement en rentrant chez lui alerte le cambrioleur qui prend alors la fuite. Celui-ci est arrêté par la police et finit en prison. Or, l'intention de l'acteur n'était que d'allumer la pièce. Pourtant, il y a une série de conséquences non intentionnelles de l'action : le fait banal d'actionner un interrupteur a finalement conduit un cambrioleur en prison !

Finalement, le propos de Giddens est de souligner qu'il est fondamental d'envisager les actions du point de vue d'un ensemble. En définitive, la théorie de la structuration est un dépassement de l'opposition entre position structuraliste envisageant la vie sociale comme déterminée par des structures sociales impersonnelles, objectives, et position humaniste, existantialiste, la considérant comme le produit subjectif de l'acteur individuel.

- **Le renouvellement du débat action/structure**

L'apport fondamental de la théorie de la structuration à la théorie des organisations est de renouveler et de repenser le débat action/structure portant sur la conception même de l'organisation. En effet, l'une des propositions les plus stimulantes de la théorie de la structuration réside dans l'idée de dualité du structurel. Les règles et les ressources utilisées par les acteurs dans leur action sont en même temps les moyens de reproduction du système social concerné. En d'autres termes, les structures organisationnelles sont à la fois le medium et le produit de la conduite des acteurs. Les acteurs produisent les structures mais sont en même temps guidés par elles.

## 5. L'analyse ethnométhodologique de H. Garfinkel

Né en 1917, Harold Garfinkel est professeur de sociologie à l'Université de Californie à Los Angeles aux États-Unis où il enseigne toujours. En 1967, Garfinkel publie un ouvrage intitulé *Studies in Ethnomethodology* considéré comme fondateur de la théorie ethnométhodologique, qui est une théorie de l'action attentive aux motivations des acteurs. Dans le concept même d'ethnométhodologie, *ethno* suggère qu'un acteur dispose du savoir de sens commun de sa société et *méthodologie* vise la mise en œuvre de méthodes ordinaires par ce même acteur. Les concepts et les savoirs de l'ethnométhodologie peuvent être éclairants pour la gestion et le management des organisations.

- **Le concept d'ethnométhodes**

L'approche ethnométhodologique des organisations conduit ainsi à envisager leur fonctionnement du point de vue des ethnométhodes qui désignent les méthodes et les savoirs profanes utilisés par les acteurs pour gérer leurs pratiques sociales.

- **Le concept d'accomplissement pratique**

Ce concept conduit à considérer que les faits sociaux se s'imposent pas objectivement de l'extérieur aux individus. Ils se constituent dans les interactions pratiques des individus qui les accomplissent.

Par exemple, au sein d'une petite entreprise, on a pu relever l'importance pour les acteurs des fiches événements. En effet, la formalisation d'événements singuliers et aléatoires s'inscrivait pour les acteurs dans une logique qualifiante. Finalement, cette maîtrise d'événements aléatoires constitue une source de renouvellement des compétences au sein d'une organisation confrontée au défi de la qualité.

- **La réflexivité**

Elle constitue le deuxième concept original et peut être définie comme la manière dont les acteurs rendent compte de leurs activités. Autrement dit, c'est cette compétence qu'il s'agit de découvrir sans surimposer un sens savant au sens ordinaire. Par exemple, la collecte d'incidents peut être très mobilisatrice pour les acteurs, à condition qu'ils perçoivent les effets de cette formalisation en termes d'accroissement de leurs capacités de régulation d'incidents similaires.

- **Les savoirs et les ressources tacites**

Pour comprendre la signification réelle des accomplissements pratiques, il s'agit de mettre en évidence les savoirs et les ressources qui sous-tendent la réalisation des actions. Pour revenir à l'exemple précédent, on a observé une détermination ouvrière à consacrer du temps apparemment non productif afin de collecter des méthodes de résolution d'incidents techniques.

- **L'indexicalité**

Ce concept conduit à considérer que la signification du langage ne peut être perçue qu'en le rapportant aux situations concrètes de son utilisation. En définitive, les mots sont en quelque sorte indexés sur le contexte spécifique de leur expression. Au sein de la petite entreprise étudiée, il était remarquable de constater l'importance des communications et de formes de coopérations horizontales.

Ainsi, on a été confronté à la difficulté de comprendre l'intersubjectivité entre les acteurs, c'est-à-dire, le sens donné à des actions de régulation collective fondées sur l'échange verbal. À titre d'exemple, le simple fait qu'un ouvrier ne remplisse pas le cahier incidents pouvait être interprété comme une intention manifeste de ne pas vouloir coopérer.

En définitive, la grille d'analyse proposée par Garfinkel est utilisable en matière d'analyse des organisations puisqu'il suggère de porter une attention accrue aux actions pratiques des acteurs, aux interactions, aux méthodes de raisonnement pratique et de résolution de problèmes.

## III. L'APPROCHE SOCIO-ÉCONOMIQUE DES ORGANISATIONS

### 1. Les fondements de l'analyse socio-économique des organisations

Face aux défis des années 90, la qualité du management des hommes est considérée comme un facteur de compétitivité des entreprises. En France, les travaux de recherche conduits par Henri Savall, professeur de sciences de gestion à l'Université Lumière-Lyon 2, et son équipe de recherche l'Institut de socio-économie des entreprises et des organisations (ISEOR) montrent que l'accroissement de la performance économique des organisations passe par le développement de son potentiel humain. Dès 1974, Savall publie un ouvrage fondateur de l'approche socio-économique intitulé *Enrichir le travail humain*. La démarche et le programme d'investigation des chercheurs de l'ISEOR sont de réaliser, dans les entreprises et les organisations, des expérimentations en profondeur et de longue durée en vue d'élaborer, de tester, puis de stabiliser des concepts, méthodes et outils de management.

• **Une approche de l'entreprise par le potentiel humain**

De nombreux résultats issus de ces recherches expérimentales ou recherches-interventions ont été publiés à partir de 1987 par Henri Savall et Véronique Zardet dans l'ouvrage *Maîtriser les coûts et les performances cachés*. Cette approche propose un mode de management innovant et repose sur l'idée selon laquelle toute organisation produit des dysfonctionnements, source de coûts cachés. L'approche socio-économique s'inscrit dans un courant de pensée novateur remettant en cause la dichotomie existante entre l'efficacité économique et la performance sociale des organisations. Les recherches ont pour principal objectif la démonstration, par l'expérimentation, de zones de compatibilité entre la performance sociale et l'efficacité économique.

Ce courant de pensée propose un mode de management innovant, s'appuyant sur le développement de tout le potentiel humain des entreprises et des organisations et intégrant la performance sociale et la performance économique. L'hypothèse fondamentale de l'approche est d'ordre explicative et prescriptive sur le fonctionnement général des organisations. Cette hypothèse présente une organisation comme un ensemble de structures et de comportements en interaction et déterminant la qualité de son fonctionnement.

• **Une approche des organisations par les dysfonctionnements**

L'interaction des structures et des comportements, mais aussi des structures entre elles et des comportements entre eux, provoque des dysfonctionnements, c'est-à-dire des écarts entre les résultats attendus et les résultats obtenus. Les régulations de ces écarts génèrent des coûts-performances cachés affectant la performance socio-économique de l'entreprise. Les coûts-performances cachés ne sont pas repérés dans les systèmes classiques d'information dont dispose l'entreprise : comptabilité générale, comptabilité analytique, documents de gestion. Dans une certaine mesure, il est possible de réduire les dysfonctionnements, et donc les coûts cachés qui en découlent, par des actions de management socio-économique synchronisées, portant simultanément sur les structures et sur les comportements, afin d'améliorer la performance économique et l'efficacité sociale de l'entreprise.

## 2. Les concepts de l'approche socio-économique des organisations

- **La performance économique**

Dans la théorie socio-économique, la performance économique se compose des résultats immédiats, charges et produits du compte de résultat de l'exercice en cours, et de créations de potentiel qui auront un impact sur les exercices ultérieurs.

- **La performance sociale**

Elle façonne la qualité intégrale de l'entreprise et s'analyse selon six domaines de dysfonctionnements et d'actions : les conditions de travail, l'organisation du travail, la gestion du temps, la communication-coordination-concertation, la formation intégrée et la mise en œuvre stratégique. Le fonctionnement d'une organisation est caractérisé par une performance.

- **Le concept de performance socio-économique**

Il associe aussi bien la performance financière à court terme, appelé résultat immédiat, que la performance à moyen et long terme, appelée création de potentiel. Cette performance économique dépend de l'état des domaines de dysfonctionnements qui façonnent la qualité intégrale d'une organisation. Lorsque le fonctionnement de l'organisation se caractérise par une hypertrophie des dysfonctionnements, la performance économique est atrophiée par les conséquences économiques des dysfonctionnements. Les conséquences économiques des dysfonctionnements sont appelées coûts cachés car elles ne sont pas repérées dans les systèmes usuels de comptabilisation des coûts utilisés dans les organisations.

La théorie socio-économique des organisations préconise une gestion socio-économique qui agira simultanément sur les structures et sur les comportements pour réduire les dysfonctionnements, et, en conséquence, les coûts cachés. La synthèse des coûts-performances cachés se fait sous forme de matrice où chaque indicateur est décomposé en cinq composants : surtemps, sursalaires, surconsommation, non-production et création de potentiel. L'analyse peut être menée sur les indicateurs et/ou les composantes. L'information apportée n'apparaît pas dans la comptabilité analytique classique car elle ne prend en compte que les coûts visibles.

- **La théorie des coûts cachés**

Celle-ci est centrale dans les recherches de l'ISEOR. Les coûts cachés s'opposent aux coûts visibles caractérisés par une dénomination précise, une mesure et un système de surveillance. Les conséquences économiques des dysfonctionnements, appelées donc coûts cachés, peuvent être mesurées par l'évaluation de cinq indicateurs : l'absentéisme, les accidents du travail, la rotation du personnel, la qualité des produits, les écarts de productivité directe. Pour réduire ces coûts cachés, un processus général d'amélioration du management et du fonctionnement de l'organisation permet de dynamiser l'entreprise en s'appuyant sur des outils opérationnels progressivement intégrés par l'ensemble du personnel.

- **Le contrat d'activité périodiquement négociable (CAPN)**

Il formalise les objectifs prioritaires et les moyens mis à disposition, pour chaque personne de l'entreprise, au travers d'un double dialogue semestriel personnalisé avec le supérieur hiérarchique direct. Il lui est attaché un complément de rémunération lié à l'atteinte des objectifs collectifs, d'équipe et individuels, autofinancé par la baisse des coûts cachés.

- **La grille de compétences**

Il s'agit d'un tableau permettant de visualiser les compétences effectives disponibles d'une équipe et de son organisation. Elle permet d'élaborer un plan de formation intégrée particulièrement bien adapté à chaque personne et aux besoins évolutifs de l'unité.

- **Le plan d'actions prioritaires**

Il constitue l'inventaire concerté des actions à réaliser dans un semestre pour atteindre les objectifs prioritaires après arbitrage sur les priorités et test de faisabilité.

- **Le tableau de bord de pilotage**

Il regroupe les indicateurs qualitatifs, quantitatifs ou financiers utilisés par chaque membre de l'encadrement pour piloter concrètement les personnes ou les activités de sa zone de responsabilité. Il permet de mesurer, d'évaluer, de suivre la réalisation des actions et de surveiller les paramètres sensibles des activités opérationnelles et stratégiques.

- **La grille d'auto-analyse du temps**

Elle permet la recherche d'une structure plus efficace de l'emploi du temps en développant la programmation individuelle et collective ainsi que la délégation concertée.

- **Le plan d'actions stratégiques internes et externes**

Il clarifie la stratégie de l'entreprise à trois ans, voire cinq ans, aussi bien vis-à-vis de ses cibles externes (clients, fournisseurs…) que de ses cibles internes (du PDG à l'employé et l'ouvrier). Il est réactualisé chaque année pour tenir compte de l'évolution de son environnement externe pertinent et de son personnel.

La mise en œuvre de ces outils de management contribue à l'amélioration des performances économique et sociale de l'entreprise par la réduction des coûts cachés ainsi que par le développement des compétences managériales et du potentiel humain de l'organisation.

## 3. La méthode d'intervention socio-économique de l'ISEOR

La méthodologie d'intervention socio-économique est une démarche progressive qui peut être appliquée à tout micro-espace ou toute entité. Elle consiste en une analyse des dysfonctionnements et le calcul des coûts cachés afférents. Pour cela, il est nécessaire de réaliser une démarche en profondeur, et de segmenter l'entreprise en groupements socio-organisationnels respectant l'organigramme. L'intervention socio-économique se décompose en quatre phases.

- **Le diagnostic socio-économique**

En premier lieu, le diagnostic est une phase permettant de mettre à jour les dysfonctionnements et leurs effets économiques, les coûts cachés. Il est construit de façon à provoquer une réaction dégageant l'énergie nécessaire au changement souhaité. L'objectif implicite de cette première phase est donc de créer un effet stimulant les comportements humains.

- **Le projet d'amélioration**

En second lieu, les chercheurs de l'ISEOR mettent en place un projet d'amélioration du fonctionnement qui, en réalité, est une phase de recherche de solutions visant à réduire les dysfonctionnements et leurs effets économiques, afin d'augmenter la performance socio-économique de l'entreprise. Il se matérialise par un groupe de travail constitué au sein de l'encadrement afin d'élaborer des propositions d'actions qui seront présentées à la direction décidant de leur mise en œuvre.

- **La phase de mise en œuvre du projet**

En troisième lieu, une phase de mise en œuvre du projet d'amélioration socio-économique comprend d'une part, la programmation de la réalisation des actions et leur budgétisation, et d'autre part, la réalisation effective des actions, contrôlée et évaluée par un audit permanent.

- **La phase d'évaluation des actions d'amélioration**

Elle est réalisée par l'élaboration d'un bilan comparatif des performances sociales et économiques engendrées par le projet mis en œuvre.

Progressivement, au cours de ce processus en quatre phases, une instrumentation est réalisée dans le but de créer une base d'informations stimulantes afin de surveiller le fonctionnement de l'organisation et l'évolution de ses dysfonctionnements. Ce processus n'est pas mené simultanément dans l'organisation mais suivant le processus qui comprend une action horizontale, impliquant toute l'équipe de direction et d'encadrement, et une action verticale, impliquant le reste de l'organisation, c'est-à-dire la totalité des micro-espaces, du chef de service à l'ensemble du personnel. Cette implication progressive se fait par une intervention dans un nombre croissant d'unités complètes : deux unités en phase d'expérimentation, puis extension et généralisation à l'ensemble des services et unités.

Cette méthodologie d'intervention opératoire permet d'articuler l'intervention socio-économique à la stratégie de l'entreprise, de résoudre les dysfonctionnements opérationnels et stratégiques, d'impliquer la totalité de l'encadrement. Ce processus général permet de dynamiser l'organisation, afin de mettre en place un mode de gestion socio-économique s'appuyant sur des outils opérationnels progressivement intégrés par l'ensemble du personnel. En définitive, H. Savall et les chercheurs de l'ISEOR insistent sur le déficit d'anticipation du potentiel humain des organisations, le manque de professionnalisme du management, les défaillances dans la synchronisation des actions stratégiques, une stimulation insuffisante des acteurs et le manque d'exigence partagée. Cette théorie de l'entreprise et de l'organisation implique une tentative de pacification contractuelle qui suppose la reconnaissance des acteurs comme vecteurs essentiels des progrès de l'entreprise.

## IV. LA THÉORIE DE L'INTERVENTION EN MANAGEMENT DANS LES ORGANISATIONS

Depuis quelques années, la théorie des organisations s'est enrichie par de nouveaux apports issus d'expériences réalisées le plus souvent en milieu industriel, comme par exemple celles relatives à l'introduction d'un mode d'organisation qualifiant. Ces apports conduisent à reconsidérer les pratiques de gestion en intégrant de nouvelles conceptions de l'homme au travail.

Dans cette optique, il apparaît important d'expliciter les concepts résultant de ces travaux de recherche et leurs implications pour le management des hommes. Il est intéressant de développer une théorie de l'intervention en management et des éléments de méthodes visant l'introduction de nouvelles pratiques de gestion des hommes dans les entreprises.

Cette approche conduit à mettre en évidence une stratégie de développement du potentiel humain des organisations ainsi que les apports potentiels de ce que les Anglo-Saxons appellent le *Knowledge Management*.

## 1. Le processus d'intervention en management des hommes

Le processus d'intervention en management dans les organisations est souvent difficile, car le diagnostic et le changement y sont complexes. De nombreux travaux de recherche montrent qu'en management, on ne peut intervenir qu'en comprenant ce qui se passe vraiment, c'est-à-dire en étudiant les acteurs influents, leurs stratégies de pouvoir, leurs objectifs ainsi que l'ensemble des pratiques qui en résultent. L'intervention en management requiert donc des compétences multiples, d'ordre technique, politique et relationnel. L'intervenant peut contribuer activement au développement organisationnel de l'entreprise, à partir de relations de travail qui se caractérisent par de fortes interactions qui produisent des transformations, sources de développement du potentiel humain. Il peut aussi se heurter à des paradoxes ou encore à des mythes organisationnels comme le mythe taylorien encore agissant de la staticité des compétences et des comportements. L'intervention en management suppose des compétences d'expert en management mais aussi et surtout de facilitateur et de catalyseur. Néanmoins, le simple fait de demander de l'aide induit dès le départ une situation sociale déséquilibrée dans notre société où l'autonomie est particulièrement importante.

En effet, dans la mesure où le demandeur de prestations se place, dans l'échange social, en position de dépendance vis-à-vis de celui qui va l'aider, cela crée un déséquilibre et une vulnérabilité. Cette situation nécessite que l'intervenant opère rapidement un rééquilibrage sous peine de se faire rejeter. En ce sens, il est important d'insister sur l'idée selon laquelle le prestataire de services en management s'efforce de s'inspirer tant que possible d'une approche générale de l'acte d'aider. L'intervenant se voit confier un rôle social dans l'entreprise, mais il peut aussi apparaître aux salariés comme l'envoyé et donc l'agent de la direction. Ces représentations impliquent qu'il n'est pas pensable pour les acteurs de confier toutes leurs opinions sur le fonctionnement de leur organisation à un intervenant.

La psychanalyse propose un certain nombre de concepts qui ne manquent pas d'intérêt lorsqu'on s'intéresse à la relation de consultation. Il est donc important de considérer les phénomènes de transfert et de contre-transfert dans l'intervention en management. Il apparaît ainsi utile de détecter et de traiter les projections faites par les membres de l'entreprise sur l'intervenant (analyse en termes de transfert) ainsi que les projections faites par celui-ci sur les membres du terrain d'investigation (analyse en termes de contre-transfert).

Par conséquent, l'ampleur de ce phénomène constitue ce que le psychanalyste et ethnologue, Georges Devereux dans un ouvrage célèbre intitulé *De l'angoisse à la méthode dans les sciences du comportement* (1980), appelle l'angoisse de l'observateur devant la richesse et la diversité de ses observations. Il semble que, dès qu'il y a des processus d'interactions, cela produit des réactions d'acteurs qui peuvent constituer des enseignements suffisamment signifiants et solides pour un analyste extérieur en quête de connaissances. Celui-ci doit probablement intégrer ces données dans ces analyses même si l'objectif est de contribuer, par une méthode interactive, à la transformation du fonctionnement de l'organisation observée. Les chercheurs de l'ISEOR ont élaboré à partir d'expérimentations dans les entreprises une théorie socio-économique des organisations. La grille d'analyse, la méthode d'intervention et les outils proposés visent pour l'essentiel le développement du potentiel humain à partir de l'utilisation d'un gisement de ressources internes considéré comme principal levier d'action du changement organisationnel.

Cette démarche présente un caractère fortement interactif puisque les investigations s'appuient sur la mise en œuvre d'outils de gestion interactifs comme le tableau de bord de pilotage, le plan d'actions prioritaires, la grille de compétences ou encore le contrat d'activité périodiquement négociable. Ces instruments de gestion socio-économique coproduits avec les acteurs de l'entreprise sont relativement structurants et visent à contribuer au développement du professionnalisme de tous les acteurs quel que soit leur niveau hiérarchique.

L'expérimentation de ces outils dans les entreprises françaises a permis de mettre en évidence la possibilité d'élaborer progressivement des zones de compatibilité suffisantes entre l'efficacité économique et la performance sociale. Par exemple, une intervention réalisée dans une PME sur l'analyse des compétences des salariés, a fourni au dirigeant une représentation instructive de l'état de son potentiel humain, particulièrement utile pour le lancement de nouveaux produits. Dans le but de développer l'efficacité économique et la performance sociale, la démarche associe le plus grand nombre d'acteurs possibles dans le cadre d'un groupe de projet d'amélioration. Ce dispositif de travail présente l'avantage de regrouper le dirigeant et ses salariés, ce qui peut le conduire à déléguer des missions enrichissantes.

Ainsi, deux salariés ont réfléchi à l'amélioration des communications internes, à la mise en place de règles et de procédures de fonctionnement et à des indicateurs visant à enrichir le tableau de bord de pilotage de l'entreprise qui était alors largement informel.

## 2. Les différents modes d'intervention en management

Dès lors que l'on considère qu'un intervenant peut agir de différentes manières, il est important de dresser une typologie des modes d'intervention possibles. On peut donc distinguer de façon très classique d'une part, les intervenants experts (experts-comptables, informaticiens, ingénieurs-conseils...) qui sont essentiellement centrés sur des problèmes techniques et opérationnels que soumettent les entreprises, qui analysent et qui proposent des solutions opératoires ou algorithmiques pour les résoudre. D'autre part, on peut trouver les intervenants facilitateurs axés sur une démarche stratégique propre au système de gestion et que l'on trouve dans une situation problématique. Ces intervenants guident leurs clients, agissent comme facilitateurs en management stratégique pour les aider à résoudre des problèmes tels qu'un psychothérapeute peut le faire avec un patient en difficulté. En ce sens, l'intervenant contribue à aider les acteurs à résoudre eux-mêmes leurs propres difficultés et leur transmet son approche, ses méthodes, ses outils.

## 3. Stratégie de développement du potentiel humain des organisations

Dans le cadre d'une intervention en management, on assiste progressivement à la production d'actes de gestion innovants dans l'entreprise. L'évolution du métier du directeur des ressources humaines se fait dans le sens du conseil à la hiérarchie chargée de l'animation d'équipes de travail. Cette mission consiste à chercher à développer la fonction pédagogique de l'encadrement et les capacités d'apprentissage des acteurs. C'est bien cet effort d'apprentissage des hommes qui est essentiel dès lors que l'on s'intéresse aux innovations en matière de management des hommes. L'idée fondamentale est de permettre aux salariés de se projeter davantage dans l'avenir, dès lors que l'organisation diffuse les objectifs à atteindre, favorise la réactualisation des compétences et cherche à utiliser au mieux les savoir-faire acquis dans la résolution quotidienne des dysfonctionnements.

La finalité d'une intervention en management porte ainsi sur les processus de création et de transfert de connaissances. Il s'agit bien d'être progressivement capable de créer, d'acquérir et de transférer de la connaissance par l'évolution des principes organisationnels et du comportement des salariés. Le pouvoir des cadres supérieurs provient non seulement de leur position, mais surtout de leurs connaissances, de leurs compétences ainsi que de leur capacité à s'interroger sur la portée de leurs propres pratiques professionnelles. Cette capacité d'introspection est généralement peu développée dans les organisations. Elle peut être appréhendée à partir d'actions conduisant les acteurs à s'interroger sur les actes qu'ils produisent et sur leurs effets sur la performance économique et sociale de l'entreprise. Les prestations de nature immatérielle des spécialistes de la gestion des ressources humaines peuvent concourir au développement de l'introspection. Par exemple, la mise en place de groupes de projet d'amélioration favorise l'introspection organisationnelle. Les instruments de gestion des ressources humaines conduisent simultanément à une analyse approfondie de l'utilisation du temps de travail au sein des différents services ou ateliers de production ainsi qu'à une étude rigoureuse de la répartition de l'état des compétences. Le développement de l'introspection contribue bien à l'accroissement du niveau de visibilité et de lisibilité dans l'organisation.

## 4. L'essor du knowledge management ou le management des savoirs

Aux États-Unis, le mouvement du *knowledge management* est en plein essor comme l'indique le célèbre article de Peter Drucker publié en 1999 dans *California Management Review,* consacré au management des savoirs. Il développe l'idée que les travailleurs hautement qualifiés doivent être traités comme des actifs de l'organisation à entretenir et à développer, puisqu'ils possèdent les moyens de production grâce à leur savoir et leur expérience. On les appelle souvent des *knowledge workers.* En France, on parle également de plus en plus d'une nouvelle productivité par le savoir et les connaissances dans le cadre d'une économie de l'immatériel en pleine croissance. Suivant cette logique d'action, le travail est repensé, et certaines directions des ressources humaines cherchent à introduire un mode de gestion visant le management des savoirs. Pour ce faire, cela suppose le développement des capacités conceptives des salariés de l'organisation. Ces capacités sont constituées par l'ensemble des pratiques visant la détection d'invariants de fonctionnement à partir de l'accumulation formalisée et structurée des enseignements tirés des multiples expériences. Ces leçons tirées d'expériences professionnelles riches se manifestent par des conceptualisations de principes d'action efficaces et susceptibles d'être mis en œuvre lorsqu'un événement donné se produit. Ces actes de gestion conceptifs peuvent constituer des leviers d'actions considérables, puisque ce sont des connaissances éprouvées et mises en œuvre régulièrement par les salariés.

Dans cette optique, il est important de redéfinir le mode de management de l'entreprise et les instruments de mesure des performances. Cela passe aussi par l'introduction de nouveaux modes d'organisation et de nouvelles connaissances en management dans les entreprises. Cette logique de diffusion de connaissances dans les organisations intéresse les acteurs souvent en quête de nouveaux savoirs. Selon cette logique d'apprentissage, il apparaît fondamental que les salariés se penchent sur des connaissances tacites et sur des connaissances explicites existantes dans l'organisation. Les *connaissances tacites* s'acquièrent par apprentissage informel et par socialisation de l'individu dans un groupe. Elles pourront faire l'objet d'une formalisation, qui permettra de les objectiver et de les diffuser. Les *connaissances explicites*, à l'inverse, peuvent être intériorisées par des individus, qui les partageront au sein de leur groupe d'appartenance. L'organisation taylorienne classique bloque généralement le passage des savoirs explicites, de l'individu au groupe puisqu'elle ne favorise pas l'expression individuelle et les communications. Elle empêche également la transmission de savoirs tacites en savoirs explicites car le salarié n'y a pas nécessairement intérêt et préfère garder sa zone d'autonomie.

Dans ce cadre organisationnel, la transmission des savoirs collectifs se fait principalement sur le mode de l'imposition dans la mesure où l'on standardise les savoirs et on les impose autoritairement. À partir d'une démarche visant un changement organisationnel par de nouveaux apports en gestion des ressources humaines, plusieurs activités innovantes vont se développer par des actes de gestion conceptifs. En premier lieu, la résolution de problèmes en groupe à partir d'équipes de travail est encouragée. En second lieu, l'organisation favorise une logique d'expérimentation visant à lancer des expériences pilotes, des projets innovants. Ce qui est fondamental, c'est de conduire les acteurs à tirer les leçons des expériences, ce qui suppose qu'ils acceptent d'examiner les succès mais aussi les échecs en consacrant du temps à cela. En troisième lieu, le changement organisationnel doit favoriser l'apprentissage des salariés avec leurs principaux partenaires (clients, fournisseurs, prestataires de services, etc.). Enfin, il s'agit de stimuler le transfert des connaissances par une nécessaire explicitation favorisant cette transmission des savoirs. Cela conduit à développer la formalisation par de la formation, des documents, des systèmes experts mais aussi par une politique de gestion des ressources humaines plus dynamique, considérant par exemple la mobilité des personnes comme un moyen de transferts de connaissances.

Cette approche du management des savoirs suppose qu'il est important d'impliquer chaque personne, afin qu'elle puisse expliciter des représentations telles que, par exemple, la manière dont elle perçoit son activité de travail, ses connaissances ou encore sa position dans l'entreprise. Finalement, il semble essentiel que l'acteur prenne conscience des problèmes et des enjeux auxquels il est confronté et qu'il soit en mesure de déboucher sur des axes de développements majeurs. Dans le même ordre d'idée, on peut souligner par exemple que l'effort de connaissance accompli par un groupe de travail en milieu industriel a permis d'accroître sensiblement l'efficacité productive et commerciale d'une usine. Il montre donc que le savoir acquis par les différents acteurs avait permis d'envisager de nouvelles pratiques, ce qui avait eu pour principal effet de rendre plus pertinentes les orientations stratégiques retenues par ce groupe de travail.

Ces considérations montrent bien qu'un changement organisationnel conduit les acteurs à prendre conscience d'une série de problèmes majeurs (*introspection*) et à imaginer des transformations durables (*conceptualisation*) conduisant à une amélioration de la performance globale. Au total, l'évolution des concepts du management participe à l'évolution des possibles au sein des organisations.

Concrètement, l'analyse de plusieurs expériences réalisées en milieu industriel montre qu'une logique de développement organisationnel s'articule autour des axes suivants :

– la mise en place de principes organisationnels fondés sur l'autonomie et la responsabilité des équipes de travail,
– l'enrichissement du travail humain et le développement du potentiel humain par des actions de formation,
– de nouvelles connaissances en gestion et une plus grande polyvalence, le développement du pilotage par la mise en place de tableaux de bord sociaux et d'instruments de gestion des compétences
– la mise en place de dispositifs de communication et l'amélioration de la qualité du dialogue professionnel par des entretiens d'évaluation.

Face à la conjoncture économique et sociale et aux difficultés croissantes des entreprises et des organisations, l'idée qu'il y a lieu de porter de nouveaux regards sur les théories et les méthodes opératoires en management se développe. C'est dans une telle perspective que se sont développés des travaux de recherche sur le modèle de l'organisation qualifiante.

## V. LA THÉORIE DE L'ORGANISATION QUALIFIANTE

Le contexte économique auquel sont confrontées en cette fin de siècle les entreprises et les organisations est particulièrement complexe. Cette complexité est liée pour l'essentiel aux effets de la mondialisation des économies et à l'émergence des nouvelles technologies. Ces changements majeurs affectent les choix stratégiques des entreprises, les configurations organisationnelles et interrogent la nature même du travail humain.

Dans cette optique, un certain nombre d'options organisationnelles peuvent être prises : quelles sont les relations qui s'instaurent entre l'organisation et les individus qui la composent ? Au-delà du travail, qu'est-ce qui est attendu des salariés : de la fidélité, de la motivation, de l'implication ? Est-on dans une logique d'intégration à long terme ou à court terme : les salariés sont-ils embauchés à vie ou non ? Qu'en est-il de l'idée d'évolution professionnelle ? Quel est le lieu auquel on se sent appartenir : son usine, son bureau, son service, son département ou l'ensemble de l'organisation ? C'est à partir des réponses données à ce type de questions que l'on peut s'interroger sur l'avenir du travail et l'évolution des organisations.

## 1. Les mutations du travail

Ces dernières années, le contenu même du travail s'est profondément transformé. Philippe Zarifian, professeur de sociologie à l'Université de Marne la Vallée et auteur d'un ouvrage récent intitulé *Objectif compétence. Pour une nouvelle logique* (1999), résume cette mutation principalement à partir de deux notions clés : les événements et la communication.

La thèse de Zarifian consiste à dire que le travail d'aujourd'hui consiste à se confronter à des événements pouvant se produire de manière aléatoire, imprévue et venant troubler le fonctionnement normal d'une usine automatisée. Ces événements sont constitués par des problèmes de qualité, de respect des délais, des pannes ou encore des réclamations clients. Le travail industriel consiste alors à faire face à ces événements, à les anticiper dans la surveillance active des systèmes de production. Le salarié est ainsi placé dans une situation de gestion nécessitant une capacité nouvelle de régulation face à l'aléa et d'initiative au travail. Ce ne sont plus les capacités physiques de production qui sont mobilisées, mais bien l'intelligence dans l'action dans une perpective d'anticipation et de résolution de problèmes variés et complexes. En même temps, ce même salarié est aujourd'hui sollicité pour faire face aux exigences de rénovation et d'innovation dans la production ou le service rendu. Le travail humain nécessite davantage d'ingéniosité et de pertinence dans la capacité à faire face à des situations événementielles dans un contexte concurrentiel qui exige de plus en plus des innovations, ou tout au moins des capacités de différentiation.

Cette capacité d'action reconnue aux salariés ne correspond plus à la notion de poste de travail mais davantage à une logique de compétence qui est plus exigeante quant à l'autonomie du travail. Suivant l'approche de Zarifian, la notion de communication fait de plus en plus partie intégrante de l'activité de travail. Cela est principalement lié au fait que travailler réside, de plus en plus, dans le fait d'échanger des informations et des points de vue. La thèse développée ici est que la performance collective dans une unité de production automatisée réside dans la qualité des interactions entre des acteurs confrontés à des situations de gestion qu'ils se doivent de maîtriser. Cet échange de savoirs, de connaissances, suppose une capacité de compréhension globale des enjeux et des contraintes de production auxquels doivent faire face des salariés en prise à des problématiques différentes mais complémentaires. En ce sens, on peut parler de réseaux d'acteurs placés dans une exigence de coopération mais qui sont dans des services, des métiers ou encore des ateliers de production distincts. C'est aujourd'hui la mise en complémentarité et en synergie de ces différentes activités qui permettent de transformer le travail humain en véritable performance collective. Cette performance collective n'est absolument pas donnée. Elle est à construire à partir d'explicitations multiples et d'une fonction pédagogique devant être prise en charge par l'encadrement. Il s'agit ici d'une transformation de rôle importante pour les cadres chargés d'impliquer le personnel à partir de messages pédagogiques visant à faire partager les enjeux et les contraintes d'ensemble liés à la réalisation du travail.

Ce travail de partage d'information vise à renforcer la compréhension globale des acteurs à partir de la confrontation de compétences, de connaissances et de rationnalités liées à des métiers forcément différents. Une telle approche de la communication la place ainsi comme une question organisationnelle centrale visant à favoriser le savoir en action.

Enfin, la quête de sens est aussi un véritable enjeu pour chaque salarié dès lors que le travail devient immatériel. La notion de service trouve pleinement sa place dans une société moderne où la consommation nous envahit. Il devient donc fondamental de la comprendre. La consommation constitue le reflet des modes de vie, des manières de penser et d'agir et des envies collectives qui ont changé en cette fin des années 90. Principalement, il s'agit des conséquences du changement radical du rapport à l'emploi sur les modes de vie et la consommation.

En définitive, la question du service rendu et du service perçu par celui qui le rend est centrale car il n'y a plus d'un côté des producteurs, et de l'autre des consommateurs aux rôles bien différents, mais des réseaux d'acteurs qui remplissent les deux rôles à la fois.

## 2. Le modèle de la compétence de P. Zarifian

Depuis quelques années, la thèse de l'élasticité du travail humain est en train de s'imposer. De nombreux théoriciens prônent une plus grande prise en compte des compétences professionnelles dans les structures organisationnelles et le rejet du taylorisme. Le concept de compétence peut être défini comme un ensemble de connaissances traduites en actes par un individu dans différents domaines d'actions. En ce sens, il est important de relever que la compétence s'élabore à travers des rapports sociaux. Précisément, elle résulte d'une double confrontation. Les salariés développent leur compétence au travail en se confrontant d'une part, entre acteurs de l'entreprise, et d'autre part, à des enjeux forts. Cette conception de la compétence est envisagée comme une nouvelle attitude sociale de l'acteur en situation de travail face à une production complexe à élaborer. Cela requiert de l'autonomie, de la prise de responsabilité et d'initiative. On peut également parler des compétences au pluriel.

Dans cette optique, il est intéressant de distinguer les compétences professionnelles qui sont des habiletés techniques contextualisées, des compétences sociales, plus transversales, susceptibles d'être plus facilement transposables d'une situation professionnelle à une autre. La vie moderne implique l'acquisition et parfois la maîtrise de véritables compétences sociales souvent méconnues dans les entreprises. Par exemple, un salarié peut très bien être trésorier d'une association culturelle ou sportive ce qui peut l'amener à élaborer un budget, à animer des réunions ou encore à rédiger des comptes rendus.

## 3. De l'organisation du travail à la logique compétence

L'apparition et le questionnement quant à la nature des compétences humaines à développer ont émergé corrélativement à la société post-fordiste au sein de laquelle apparaissent de nouvelles problématiques d'actions. Depuis quelques années, on assiste à une crise des organisations dites prescriptives dans le sens où les organisations fondées sur le modèle fordiste ou bureaucratique semblent largement remises en cause. Cette crise de légitimité de la prescription a des répercussions considérables sur le travail humain et les compétences désormais requises. En conséquence, la notion de poste de travail n'est plus adaptée aux nouvelles contraintes de production. Le mode de production fordiste qui se caractérisait par une conception procédurale du travail obéissait à une démarche prescriptive, individualiste et relativement stable conformément aux approches développées successivement par Taylor et Ford. Ce modèle instrumental est tout de même devenu obsolète dès lors que l'on parle de dépassement du taylorisme, d'une économie de l'immatériel et de l'émergence d'une logique compétence dans les organisations. Les organisations industrielles contemporaines sont caractérisées par le développement de nouvelles formes de coopération. Le développement de cette coopération horizontale, fondée sur le partage d'information entre salariés aux métiers différents, s'explique par la montée de l'exigence de réactivité aux mouvements d'un environnement économique et social instable.

Dans une usine de production industrielle, les différentes activités de travail sont de plus en plus interdépendantes. Les réseaux horizontaux paraissent être ainsi les plus appropriés aujourd'hui afin de faire face à la montée de la complexité des performances à atteindre du point de vue de la qualité, des délais, des coûts, de la variété ou encore de l'innovation. La coopération est donc envisagée comme une intercompréhension, voire une intersubjectivité, entre les acteurs dès lors que l'on parle de décloisonnement entre les fonctions, de gestion des interactions, de logiques de projet ou encore de communication entre services.

Dans ce nouveau contexte de production, la formation professionnelle a pour partie changée de nature dès lors que l'on admet qu'elle n'a plus pour principal objet l'acquisition d'un savoir ou l'adaptation d'un salarié à une tâche spécialisée. En ce sens, elle s'inscrit plus largement dans une perspective d'investissement immatériel visant à développer notamment des connaissances en communication ou en ingénierie du management.

En définitive, l'évolution des modes de travail vers l'abstraction, l'autonomie, en même temps que le travail en équipe, mettent au premier plan des compétences qui s'expérimentent autant sinon plus qu'elles s'enseignent. D'une certaine manière, on peut penser qu'il s'agit de compétences interactives qui s'acquièrent et se développent dans une logique cognitive fondée sur un nouveau mode d'apprentissage.

## 4. Le modèle de l'organisation qualifiante

Le concept d'organisation qualifiante occupe aujourd'hui une place croissante dans le champ de la théorie des organisations. Son émergence est concomitante de celle d'organisation apprenante en management stratégique. L'organisation qualifiante s'inscrit dans une perspective de changement d'organisation ainsi que du mode de gestion des ressources humaines et annonce ainsi une nouvelle représentation de la professionnalité des acteurs. C'est à Antoine Riboud (1987) que revient la paternité de l'expression organisation qualifiante à l'occasion de son rapport *Modernisation mode d'emploi* adressé au Premier ministre même si le concept a été discuté et enrichi par plusieurs chercheurs en sciences de gestion.

L'enjeu alors affiché est double : sur le plan économique, il s'agit d'accroître la compétitivité des entreprises en favorisant l'appropriation des nouvelles technologies par les salariés ; sur le plan social, il s'agit de faire en sorte que ces nouvelles technologies soient pour les salariés des occasions d'apprentissage, de construction et de développement des compétences. Le concept d'organisation qualifiante est bien un idéal type au sens de Max Weber, une sorte d'organisation cible qui permettrait de faire de l'organisation le lieu de production de nouvelles compétences et de nouveaux savoirs, de leur appropriation reconnue par tous les salariés de l'entreprise aux données changeantes du contexte.

Fondamentalement, une organisation qualifiante repose sur trois principes essentiels. D'une part, l'entreprise cherche à structurer son organisation en mettant en œuvre des compétences de ceux qui œuvrent à l'inverse de l'attitude qui consiste à ajuster les ressources humaines une fois les choix organisationnels arrêtés. Selon ce principe, l'organisation ne se définit pas par sa structure interne mais bien par les compétences collectives qu'il faut être à même de mobiliser pour réaliser les objectifs. D'autre part, le caractère formateur des situations de travail et de gestion est privilégié. En ce sens, les incidents et les aléas qui surviennent en cours d'activité sont appréhendés comme des moments privilégiés d'apprentissage. Cette place considérable accordée à la gestion des aléas et des dysfonctionnements traduit l'évolution des systèmes industriels dans la mesure où les situations routinières sont de plus en plus incorporées dans les dispositifs techniques. Enfin, le troisième principe essentiel est celui de la recherche de coopération dans le travail, ce qui conduit à considérer l'activité de communication et d'échange d'information entre acteurs, comme intense. Cette coopération est censée faciliter l'élaboration de référentiels opératoires communs entre les individus et conduit essentiellement à la définition conjointe des objectifs de production, des problèmes à résoudre, des moyens à mobiliser, etc.

Finalement, l'organisation qualifiante est une organisation évolutive, conçue en fonction des compétences présentes des personnes qu'elle emploie mais également en vue de transformer en gain de performance l'augmentation du potentiel de compétences des salariés. Il est intéressant de relever que la logique envisagée est heuristique, émergente, dans le sens où elle s'appuie sur des réalités organisationnelles en évolution plutôt que sur une approche planificatrice centralisée, largement mise en cause aujourd'hui. Cette conception de l'organisation conduit à mettre en avant plusieurs enjeux complémentaires : un enjeu de requalification des acteurs compte tenu des mutations, la nécessité de rendre évolutive les structures, ainsi que la nécessité de développer la performance de l'organisation elle-même. L'apprentissage individuel et collectif est fondé sur la maîtrise des régulations de flux et d'événements complexes. Le changement se joue donc aujourd'hui dans l'autonomie des acteurs et leur capacité à prendre des responsabilités dans un contexte où l'activité de travail devient plus abstraite. Cette démarche innovante implique inévitablement une nouvelle approche du rôle des cadres qui s'est déplacé compte tenu des nouvelles contraintes et d'enjeux émergents. En ce sens, il est indispensable de stimuler la fonction de coordination des cadres et leur aptitude à transmettre des messages pédagogiques en particulier quant à l'explicitation de la stratégie de l'entreprise. De nombreuses expériences dans les organisations montrent que les entreprises cherchent à redéfinir le rôle de leurs cadres et plus généralement la fonction d'encadrement dans une logique compétence.

En définitive, de nombreux signes indiquent que l'on est confronté à des évolutions très nettes au sein de certaines organisations même si, parallèlement, l'on trouve de nombreuses formes de retaylorisation en particulier dans les activités de services.

# Conclusion

Il semble aujourd'hui important de chercher à porter un regard neuf sur l'évolution des organisations depuis ces dernières années.

Incontestablement, cette évolution est marquée par les mutations économiques et sociales qui affectent le monde de l'entreprise. L'avènement des sociétés de l'internet conduit à une vision renouvelée des structures et des organisations, puisqu'il s'agit d'intégrer de nouveaux enjeux tels que le management des savoirs ou encore la problématique de la coopération des acteurs dans l'action organisée. Dans ce contexte, la théorie de l'organisation qualifiante est stimulante car elle repose, pour l'essentiel, sur une logique de type *botton up* qui se fonde sur l'idée qu'il y a lieu de partir des principes d'actions organisationnels, afin d'élaborer une structure en mouvement intégrant l'intelligence de l'acteur dans les situations de travail. Une telle approche préfigure probablement ce que sera le monde des organisations fondé sur la prise de responsabilité, l'autonomie et l'intelligence des acteurs au travail.

Le nouveau millénaire qui s'annonce sera probablement celui du renouveau en matière d'analyse et de théorie des organisations. En effet, les entreprises et les organisations sont de plus en plus confrontées à différentes mutations qui affecteront de plus en plus leur configuration organisationnelle. En premier lieu, les mutations technologiques, avec la révolution liée aux technologies de l'internet, pèsent de plus en plus sur la gestion des entreprises et transforment la nature même du travail et des emplois. En second lieu, les mutations économiques liées en grande partie à la mondialisation conduisent les entreprises à être plus réactives, voire proactives, vis-à-vis de leur contexte concurrentiel. En troisième lieu, le concept même de performance s'est complexifié ces dernières années puisqu'il s'agit, le plus souvent de relever un certain nombre de défis contradictoires tels que la maîtrise des coûts, de la qualité ou des délais de livraison mais aussi les défis d'innovation et de variété de la production. Enfin, une mutation sociale semble aussi s'opérer et conduit les salariés à revendiquer davantage d'autonomie et surtout d'intelligence dans les situations de travail. C'est dans un tel contexte que se forgeront progressivement et à l'épreuve des faits, les nouvelles théories de l'organisation.

# Bibliographie

AMADIEU J.-F., CADIN L., *Compétence et Organisation qualifiante*, Paris, Économica poche, 1996.

AMBLARD H., BERNOUX P., HERREROS G., LIVIAN Y.-F., *Les Nouvelles Approches sociologiques de l'organisation*, Paris, Seuil, 1996.

BALLE C., *Sociologie des organisations*, Paris, PUF, coll « Que-sais-je ? », 1990.

BERNOUX P., *La Sociologie des organisations*, Paris, Seuil, 1985.

BOUCHIKHI A., *Structuration des organisations. Concepts constructivistes et étude de cas*, Paris, Économica, 1990.

BOYER L., EQUILBEY N., *Organisation. Théories et applications*, Éditions d'Organisation, Paris, 1999.

CHANLAT J.-F., SEGUIN F., *L'Analyse des organisations*, Montréal, Gaëtan Morin, 1992.

CORIAT B., WEINSTEIN O., *Les Nouvelles Théories économiques de l'entreprise*, Paris, Le Livre de poche, 1995.

CROZIER M., FRIEDBERG E., *L'Acteur et le Système*, Paris, Seuil, 1977.

DESREUMAUX A., *Théorie des organisations*, Paris, EMS, 1998.

ENRIQUEZ E., *L'Organisation en analyse*, Paris, PUF, 1992.

FAYOL H., *Administration industrielle et générale*, Paris, Dunod, 1998, nouvelle édition.

GRATACAP A., *La Gestion de production*, Paris, Dunod, coll. « Les Topos », 1999.

KOENIG G., *Les Théories de la firme*, Paris, Économica poche, 1993.

KOENIG G. (ed.), *De nouvelles théories pour gérer l'entreprise du XXIe siècle*, Paris, Économica, 1999.

LABOURDETTE A., *Théorie des organisations*, Paris, PUF, 1992.

LISPE, *Stratégor. Stratégie, structure, décision, identité*, Paris, Dunod, 1997.

LIVIAN Y.-F., *Organisation. Théories et pratiques*, Paris, Dunod, 1998.

LIVIAN Y.-F., *Introduction à l'analyse des organisations*, Paris, Économica poche, 1995.

LUSSATTO B., *Introduction critique aux théories des organisations*, Paris, Dunod, 1988.

MARCH J., SIMON H., *Les Organisations*, Paris, Dunod, 1991, 2e édition française.

MARCHESNAY M., *Management stratégique*, Paris, Eyrolles Université, 1993.

MINTZBERG H., *Structure et Dynamique des organisations*, Paris, Éditions d'Organisation, 1982.

MINTZBERG H., *Le Management. Voyage au centre des organisations*, Paris, Éditions d'Organisation, 1990.

PARRAT F., *Le gouvernement d'entreprise*, Paris, Dunod, coll. « Les Topos », 2003.

PEREZ R., *La gouvernance des entreprises*, Paris, La Découverte, coll. « Repères », 2003.

PLANE J.-M., « Considérations sur l'approche ethnométhodologique des organisations », *Revue Française de Gestion*, n° 123, mars-avril-mai 1999, pp. 44-53.

PLANE J.-M., *Management des organisations*, Paris, Dunod, coll. « Gestion Sup », 2003.

PLANE J.-M., *Méthodes de recherche-intervention en management*, Paris, L'Harmattan, 2000.

ROJOT J., BERGMANN A., *Comportement et Organisation*, Paris, Vuibert, 1987.

SAINSAULIEU R., *Sociologie de l'entreprise et de l'organisation*, Paris, FNSP/Dalloz, 1987.

SAVALL H., *Enrichir le travail humain. L'évaluation économique*, Paris, Économica, 1974.

SCHEID J.-C., *Les Grands Auteurs en organisation*, Paris, Dunod, 1990.

TARONDEAU J.-C., *Le Management des savoirs*, Paris, PUF, coll. « Que sais-je ? », 1998.

THIETART R.-A., *Le Management*, Paris, PUF, coll. « Que sais-je ? », 1989.

THIÉTART R.-A. (dir.), *Méthodes de recherche en management*, Paris, Dunod, 2003.

TORRES O. (ed), *PME. De nouvelles approches*, Paris, Économica, 1998.

ZARIFIAN P., *Travail et Communication*, Paris, PUF, 1996.

ZARIFIAN P., *Objectif compétence. Pour une nouvelle logique*, Paris, Liaisons, 1999.

# Index

047190-(II)-(3)-OSB-80°-INT-JME
Imprimé en France par I.M.E. - 25110 Baume-les-Dames
Dépôt légal : mai 2004
N° imprimeur : 18070
Dépôt légal de la 1re édition : août 2000